青山刚昌

大家好，我是青山！50卷终于和大家见面了！

我满怀着感激之情，画了这次的新一和平次初中时代的故事……本来是想这么说的，但是我怎么也回想不起来自己的初中时代了，所以异常辛苦地完成了这个故事。毕竟已经42岁高龄了(笑)。

名侦探柯南

VOLUME 50

青山刚

★前情提要★

小小的名侦探·江户川柯南真正的身份是高中生名侦探·工藤新一。某天他被黑衣组织灌下了毒药后身体变小了。

柯南正在调查和黑衣组织有关的众议院议员暗杀计划。

可是虽然成功阻止了暗杀计划，却也失去了黑衣组织的踪迹。

此时，柯南借住的毛利侦探事务所里来了个委托毛利侦探寻找他失踪的恋人的男子。

他的恋人看上去是自杀，但是柯南的推理发现了这是那个男人精心策划的杀人事件，并完美地解决了事件。

那么，接下来的困难事件是……

名侦探柯南 50

目　录

■青山刚昌■

FILE.1
紧迫的联谊会

这样啊？来不了了吗……
对不起呀，突然有一件要紧的工作……
有工作也没办法呀……
啊，对了，跟小五郎说别喝得太多哦……
如果因为他醉后对年轻的小姐们做了些什么而惹出麻烦的话，我可不会帮他辩护的!!
嗯，知道了……
我会说的……
那么，再见了妈妈……
唉……
怎么了？马上就要吃好东西了，你叹什么气呀……

可是，
你是不是想把英理阿姨也叫来呀？
啊？这个……
哼！我就知道!!
你突然说什么『新开了一家很棒的咖啡店，我们去一次吧』，我就知道你有别的企图……
果然是这么回事！
吹牛！明明是你兴高采烈地说又好吃又便宜的地方一定要去的……
这家店连预约都很难呢……
这么有人气也是应该的！只要东西好吃价格又合理，店里的坏境感觉也不错的话……
那些讨厌的小家伙们都会蜂拥而至，来约会啊举办联谊会相亲什么的吧……

咦？这不是毛利先生吗……

嗯？
千、千叶警官！
高木警官也在呀！
糟糕……
什么啊？你们两个大男人怎么在这里吃饭呀？
不是呀！是联谊会哦!!
哇，笨蛋！
联谊会？佐藤警官知道这件事吗？高木警官……
啊，不是……
我、我只不过……是凑数的……
是千叶他硬拉我来的……
是吧？是这样没错吧?!
是啊……
你这样一说，明明是真的也像是在说谎一样……
所以请千万不要告诉佐藤警官……
知道了……

你好啊千叶！来晚了吧！
啊，不好意思……
女孩子们都来了……
已经都开始喝了呢。
江本将史（26）
健身俱乐部 教练
哦，他就是我的中学同学，这次联谊的发起人，叫江本。
噢——
谁呀？
这位是毛利侦探！偶然在这里遇见了他……
啊，我知道你！是沉睡的小五郎吧？
你好……
那么，你说的那个同伴呢？
他就是我工作上的同事……
初次见面，我叫高木……
看上去笨头笨脑的……
总比没有好……
这家伙嘴巴很坏的，其实人倒不坏……
可能吧……
对了，千叶！今天真是超级幸运哦！
嗯？

9

来的女孩里面有两个很可爱的哦！
噢噢♡
啊……
是、是吗……
哦——
两个人中间该不会有一个是上次说要来的你的姐姐吧？
我可没把姐姐算进去……
虽然觉得她应该蛮受欢迎……
一个好像是姐姐的老朋友……另一个人是她的好朋友……
她们说她们两个人的工作都和警察有关……
警、
警察有关？
说到这个，千叶……你以前也说想当民警的，现在在干什么呢？
是刑警啦，刑警！

也就是说这个笨头笨脑的家伙也是警察？
是啊，没错！
哈哈……
那么说不定你们在什么地方见过呢……
那两个都是穿迷你裙的女警……
迷你裙？那两人真的是警察吗？
又不是拍电视剧……
咦？可是其中一个女孩是……
不可以呀……
我喜欢在执勤的时候穿得漂亮点嘛~~
由、由美?!
咦，是高木和千叶呀，你们也来啦？
什么呀，果然你们是认识的……
那么也就是说……
另一个人就是……
喂喂，由美？
你快点回来啦！

那些男人……我一个人可对付不了……
佐……
佐藤警官……
为……
为什么会在这里?!
你才是呢……
为什么？
好像气氛有点糟糕吧？
不，这才有趣呢！
喂喂，大叔啊……

对了对了……
如果犯人像这样对着你的话……
我就这样反拧他的关节……
オオオ
下一个我来当犯人行不行？
好痛啊……
到底是佐藤警官……那些男人的视线里只有她……
佐藤警官可以先不用管……
问题是那个男人……
听说您上次解开了那个利用炭炉伪造自杀的手法？
是啊……
告诉我们吧，告诉我们吧！
那个实在太简单，所以我忘记了!!
真是的，您故意的吧……
为什么突然加入的叔叔会那么吸引女孩子呢……
我……要回去了……
你说什么呀，姐姐……

可是……
我不放心一个人在家的浩太……
江本彩 (28)
插图画家
浩太是你亲弟弟吗？
不是……
是我5岁的表弟……他的父母到国外出差一个月，所以托我照顾他的……
没关系的！你不是给他准备好晚饭了吗？
而且，我可是为了把一直呆在家里的姐姐带出来吃饭才特地组织了这次联谊，你要多尽兴一点呀！
可是，我还有工作呢……
今天还是把工作的事情忘掉吧……
如果太过于忙碌的话反而会迷失自己的……
啊，好的……

……

投、投降……
啊，对不起……
高木警官，溢出来了溢出来了呀！
啊，对不起……
没、没关系……
我、我还是回去吧！
我上次还刚碰到过那么奇怪的事情……
啊？
就是我的表弟浩太的事情……
是假面超人的人物卡片啦……
浩太带朋友回来玩的时候拿出来炫耀给他们看！
结果发现了一张从没见过的很稀有的超级金卡……
但是我问他是从什么地方弄到的……
他说是个善良的叔叔给他的……
善良的叔叔？
说是一个刘海很长的有胡子的叔叔，浩太他把掉在地上的钱包捡起来还给了他，因而是作为谢礼得到的！
哪里善良了，说奇怪的大叔才对……

如果只是这样也就算了，随后那个人还把浩太带到自己家里去吃蛋糕……
好像问了他不少问题呢……
问了些什么呢？
浩太说，那个叔叔是占卜师，所以问了些床的位置呀，
还有玄关放了些什么东西等等……
好像还问了我和弟弟的生日，还有收到的信和明信片都放在什么地方……
然后呢？浩太也都回答了吗？
是的……好像回答了我的信件是放在储物柜的纸箱子里，将史的信件就是散乱地放在桌子上的……
结果那个男人说这是非常不错的位置，不要动比较好……
你们收到的信和明信片里有什么重要的东西吗？
我的好像没什么……
我的也没有啊……
肯定只是一个有点怪癖的占卜师而已！
浩太回答那些问题后已经过了两个星期了，什么都没发生……

而且好像那个占卜师是我的一个哥们！
是、是你的朋友吗？
是啊，一定是那个家伙想在我的生日那天搞点什么，让我大吃一惊吧！
为什么你会知道是你的朋友呢？
浩太在那人家吃蛋糕的时候正好有电话打进来，那时那人去上厕所了，所以录音电话启动了……
浩太说在电话里听到了我的声音！
你想不起来那人是谁吗？
这个么……为了召集这次的联谊会我打了好多电话，不记得他是其中的哪位了……
而且，那家伙听了留言就慌慌张张地让浩太回家了……
大概是怕暴露他认识我这件事吧？
你在留言里说了什么？
再下个星期的星期六，我和我姐姐组织了一次联谊会，如果想来的话请和我联系……
只不过是个留言而已……

那么那人就知道今晚你家只有那孩子一个人在家了!!
啊，是啊……
马上打个电话回家确认!!
我刚才就打了，一直打不通……
所以我才……
我们先到你家去看看!
由美!!
千叶!!
爸爸走了啦!!
哈啊?

真是的……
你们想太多了啊……门锁得好好的……
也可能是那个男人让孩子给他开门的呀！
因为孩子认为他是认识的善良叔叔嘛……
可是那个男人不是问了生日和家具的摆放吗？
只不过是个看风水的占卜师而已……
就是生日才有问题啊！
不是有很多人把自己的生日作为保险箱的密码的吗……
没错……事先掌握家具的位置，这样进入时就比较容易找到保险箱，
如果用生日也打不开保险箱的话，信和明信片里就可能成为找出密码的线索！
此后如果找不到他想要的东西的话……
犯人会做出些什么举动来……
警、警官先生!!
能不能过来一下！
这、这个是……

你们的表弟在我手里!
快准备 100 万日圆!
我随后会和你们联系!
如果报警我就杀人!
?!
这、
这个是?!
绑架……

FILE.2
秘密的家访
你们的表弟在我手里!
快准备 100 万日圆!
我随后会和你们联系!
如果报警我就杀人!

什么?!
绑架?!
是一个人在家的浩太吗?
嗯,是的……
弟弟的电脑上留下了这样的讯息……
你们的表弟在我手里……
快准备100万日圆……
我随后会和你们联系……
如果报警我就杀人……
你们的表弟在我手里!
快准备 100 万日圆!
我随后会和你们联系!
如果报警我就杀人!
可、可是你们就是警察……
是、是啊……
不过,这样就节约了他们犹豫是否要报警的时间……

总之，我还是先和总部联络请求支援!!
不行!!
犯人是进入这个家以后绑走浩太的!
所以很有可能还在这附近监视这里的情况!
现在的情况看上去只不过是联谊会的同伴来到他家准备继续喝酒作乐而已……
如果一群警察冲过来的话不是马上就暴露了?
还有很容易被窃听的手机就更不能用了!
这个房间看上去没有布置窃听器，可是要请求支援的话至少应该先检查一下其它的房间和电话机有没有被安装窃听器!
这种常识你都不知道吗?!
对、对不起……
啊，对不起……
我说得太过分了……
哪、哪里……

……
警官，绑架的犯人可能是浩太见过一次的……
就是这个将史哥哥的朋友也说不定呀?
啊，是呀……

而且只要把那时候发生过的事情详细告诉小五郎叔叔的话，叔叔就能找出犯人来啊!!
对、对啊……
那个应该是——两个星期前的那个星期六吧？姐姐……
是啊，是3月26日……
那天，浩太上午说出去玩，结果晚上8点以后才回来……
8点？
那么晚呀……
是啊……是很晚，我都担心到要报警了……
可是，他一脸内疚地回来说『对不起呀，我不会再这样了，不要告诉我爸爸妈妈好不好』，所以我也没忍心骂他……
我根本没想到他会碰到那么危险的人……
那个危险的人，
就是浩太所说的那个长发长胡子的男人！
浩太把捡起来的钱包还给那个男人时，作为感谢，他送给浩太一张很罕见的假面超人的人物卡。
还招待浩太去他家玩，自称是占卜师的那个人……

而且声称要为浩太占卜，问了很多比如这个家里的家具摆放位置和信件的保存场所等……
还问了我和姐姐的生日等很多问题……
浩太说在他家吃蛋糕的时候，从录音电话里听到了我打电话来的声音！
电话的内容是关于在下个星期我和姐姐要一起参加的联谊会的邀请！
原来如此……这样的话绑架犯肯定是将史先生的朋友了……
是啊……事先搞清家具的位置，然后趁这两人不在家的时候侵入……
这个家里的保险箱呢？
根本没有保险箱！
而且我出门的时候通常会把银行卡和存折带在身上……
所以家里基本上没什么值得偷的东西……
那么就是因为犯人在这个家里找不到什么值钱的东西……

所以才绑架了浩太吧……
那么，你记得有谁是你邀请过但是今天却没有来参加联谊会的朋友吗？
啊，有的……
有三个人……

一个叫六田卓儿，是我小时候的玩伴……
第二个是高中的学弟，引屋门成……
第三个是我工作的健身房里以前的常客，佐塚良兼……
最近没怎么见到他，所以顺便打个电话去问候了一下……
三个人都是好人，不会是那种会实施绑架的人吧……
你还记得你打电话给他们三个人的时间吗？
打给六田是中午过后……
引屋是傍晚……
佐塚是晚上7点左右……
是趁工作时的空隙打电话的……
嗯……给三个人的电话都是在浩太外出的这段时间打的……
是啊……这样就无法确定了……

可是如果浩太是在那人家里呆到很晚的话，将史先生晚上7点左右打电话去的那个人是不是比较可疑……
是这样没错……但是也有可能是浩太拿到了那张假面超人的人物卡去给很多朋友看，所以才回来晚了……
除非他把朋友叫回家里来……
这个……好像没有……
那么你可以打电话问问浩太的朋友吗？3月26日浩太有没有拿着假面超人的卡片给他们看……
可是……我不知道浩太的朋友是谁呀……
说不定在国外出差的浩太的父母会知道吧……
就算想和他们联系，现在那边是下午……我们又不知道他们公司的电话……
可是总觉得有点不对劲呀……如果犯人事先做了那么周密的安排进入这个家的话，应该是很有把握从这个家里弄到钱才对的呀……
没错……如果光是绑架浩太的话，两个星期前的那天他就可以做到了……
你的插画售价很高吗？
不、不是，我还只是新手……
我家里可没有什么值钱的画和古董！
那么你们的信和明信片里面真的没什么值钱的东西吗？
是啊，没有……
明信片……

对了！是不是那种抽奖的贺年明信片啊！
今年的一等奖是夏威夷旅行，如果拿这个去抵押的话，也能换很多钱!!
恐怕那个男人先记下发的明信片的名字和兑奖号码……
这个不可能！
你看，那三个人寄给我的贺年片……
都好好的放在桌子上不是吗？
而且这三张都没有中奖……
啊？
你知道吗？都没中奖……
是啊，寄到我家的明信片我已经都兑过奖了……
姐姐和我不一样，她最喜欢这种抽奖的东西了……
什么呀！总比你这个卡片收集狂好吧？
你管我呢！
卡片收集狂？
我和浩太一样从小时候开始就收集卡片！假面超人的人物卡什么的……
虽然年纪大了，这个习惯一直改不了！
原来如此……所以你才知道浩太的假面超人卡是非常罕见的那种……

如果你们怀疑我这三个朋友的话，我们现在就到他们家里去看看如何！
什么？
三个人的家都很近，走路就行，而且他们都说今天家里有事要处理所以不能来参加联谊会的……
是啊……绑架犯的范围已经确定了……总比在这里焦躁地等对方联系我们要好……
可是……如果暴露你们是警察的话……
总之我们先装成联谊会回来顺路去看一下，还没回过家的样子好了！
这样如果对方有什么可疑的举动就马上抓捕！
如果不在家的话，那基本就可以肯定是绑架犯了！
我、高木和将史先生还有柯南一起去！认识毛利侦探的人太多，说不定会坏事，就和彩小姐还有小兰在这里等待犯人的联系吧？
啊，好的……
要带柯南一起去吗？
是啊……我觉得这孩子能注意到很多特别的东西，而且带着孩子不容易引起对方的警觉……
那么，外面车子里躺着的那两位怎么办？
啊……由美和千叶的话……
就让他们先那样睡一会儿吧……

嗯……
六田……六田……
有了！
是203室……
203 六田
你第一次来吗？
我小时候倒是经常去他老家玩……
叮咚
是、是谁啊？
啊，是我呀，江本！
我刚从联谊会回来，能让我进来吗？

这么晚了，有什么事吗……
不好意思啊……
我在联谊会的时候提到你，有两个朋友说想见见你呢……
提到我……
是指作曲吗？
六田卓儿 (26)
音乐家

是啊是啊！我们也组织了个乐队！
啊？
可是他的词和我的曲最近老是配不上……
哈哈……
可不可以让我们听听大哥哥的曲子——！
这、这孩子是怎么回事？
是我的弟弟，叫柯南！
我也想到房间里去听大哥哥作的曲！
哦，不是很棒吗！
是吧？
不过你还是那么喜欢买彩票啊……
我不是也送给你的吗？就是年底买的那一批，你也好好的对一下啊？
好啊……反正也中不了……
我说啊，你有钱买这种东西，还不如搬到稍微好一点的地方去住呢！
还有你外面那个塞得满满的信箱……
说不定有什么好东西在里面？
啊，知道了……

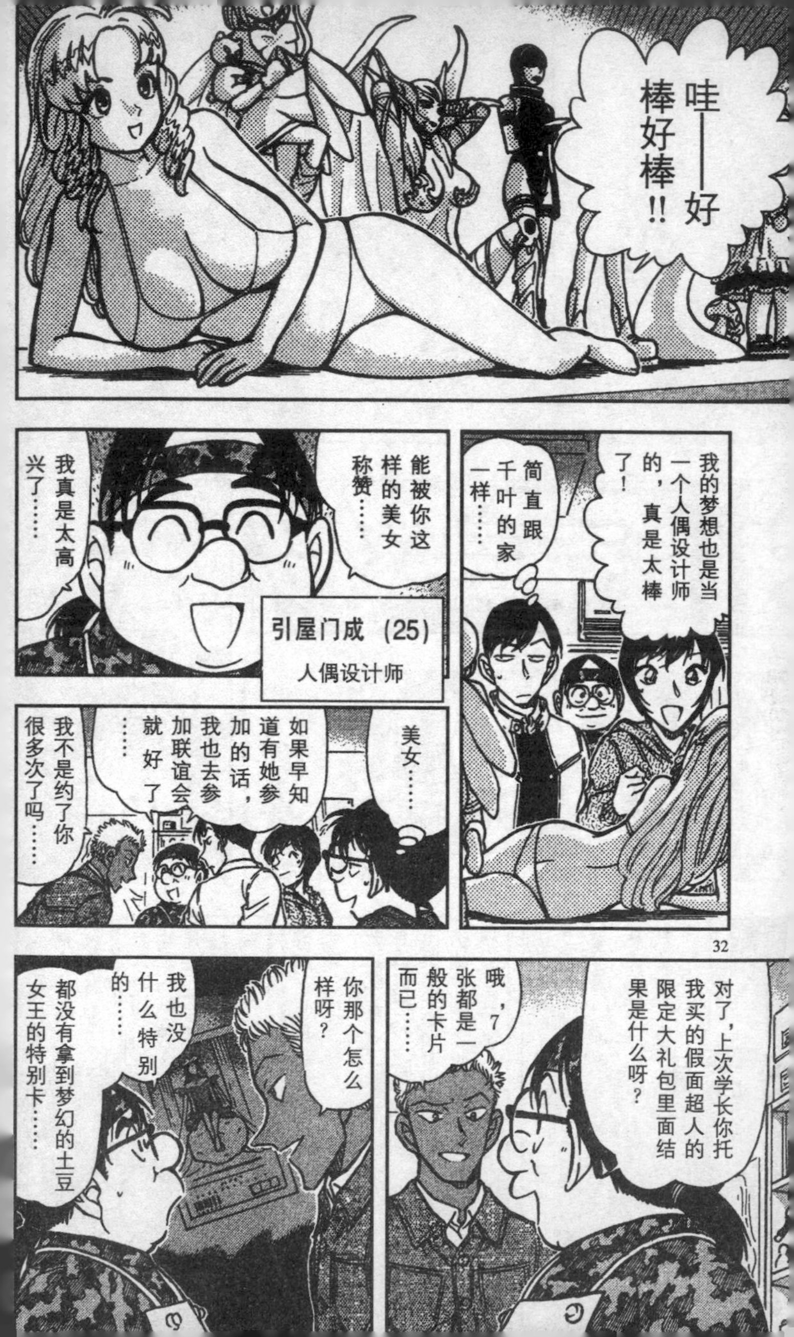
哇——好棒好棒!!
我的梦想也是当一个人偶设计师的，真是太棒了！
简直跟千叶的家一样……
能被你这样的美女称赞……
我真是太高兴了……
引屋门成（25）
人偶设计师
美女……
如果早知道有她参加的话，我也去参加联谊会就好了……
我不是约了你很多次了吗……
对了，上次学长你托我买的假面超人的限定大礼包里面结果是什么呀？
哦，7张都是一般的卡片而已……
你那个怎么样呀？
我也没什么特别的……
都没有拿到梦幻的土豆女王的特别卡……

那个限定大礼包是什么啊……
就是那次的大型活动上规定每人只能买两个的大礼包……
据说礼包里会有7张卡片，运气好的话会拿到一张错版的超级罕见的卡片……
在网上拍卖的话价格可能会超过80万日圆哦……
8、80万日圆?!
卡片呀人偶呀也就算了……
你偶尔也该留意一下活生生的女孩吧……?
哇——好厉害呀!!
我最喜欢以前的旧纸币了……
真是太兴奋了……
这个有点假了吧……
哦……那么你也收集了一点吧?
以前的纸币……
佐塚良兼 (31)
纸币收藏家

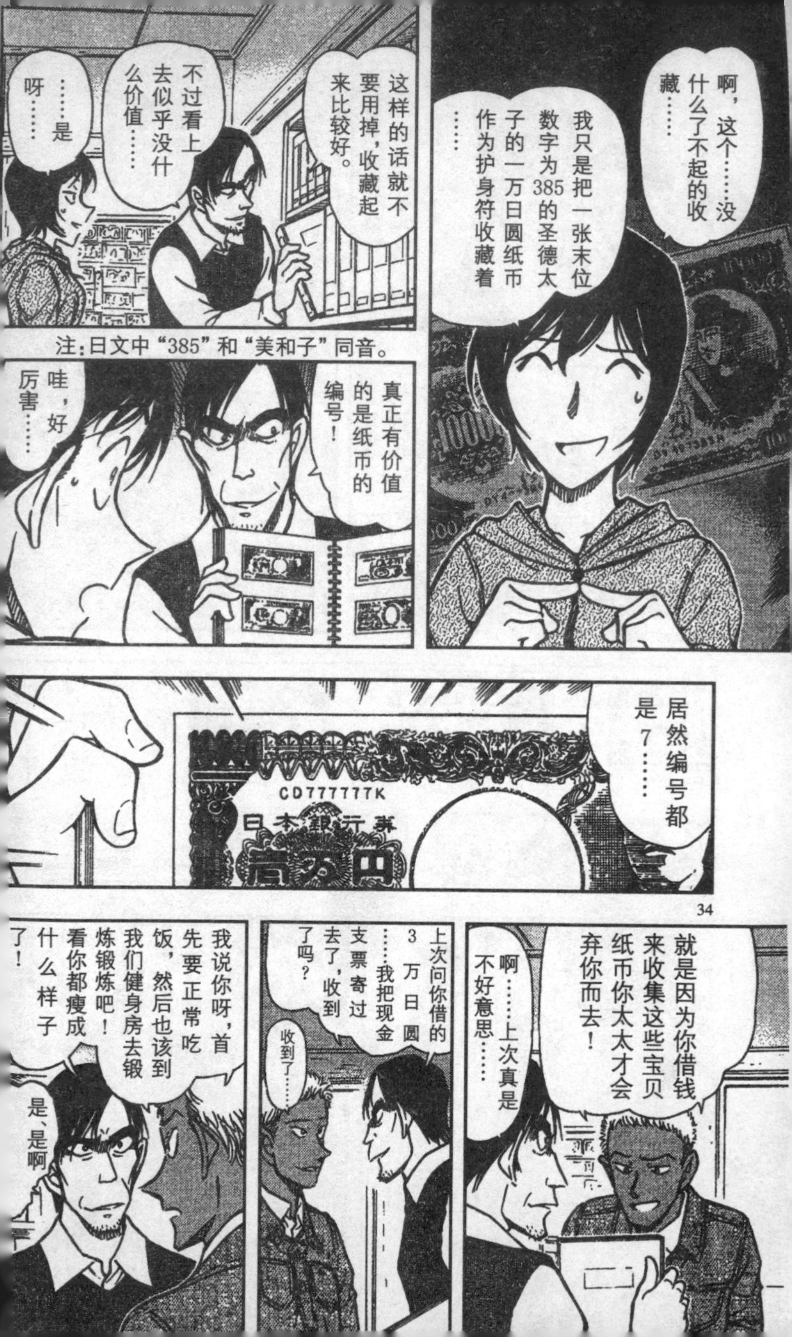
啊，这个……没什么了不起的收藏……
我只是把一张末位数字为385的圣德太子的一万日圆纸币作为护身符收藏着……
这样的话就不要用掉，收藏起来比较好。
不过看上去似乎没什么价值……
……是呀……
注：日文中“385”和“美和子”同音。
真正有价值的是纸币的编号！
哇，好厉害……
居然编号都是7……
CD777777K
就是因为你借钱来收集这些宝贝纸币你太太才会弃你而去！
啊……上次真是不好意思……
上次问你借的3万日圆……我把现金支票寄过去了，收到了吗？
收到了……
我说你呀，首先要正常吃饭，然后也该到我们健身房去锻炼锻炼吧！看你都瘦成什么样子了！
是、是啊

没错吧？那三个人都没什么可疑的地方吧？
是呀……也没有留着长发和胡子的人……
恐怕那也是为了不让浩太认出自己来而特地化装的吧……
真是的……还在怀疑啊？那三个人的家里浩太都不在呀！
说不定浩太听到的录音电话里的声音是一个和我声音很像的其他人呢……
铃铃铃
铃铃铃
啊……姐姐的电话……
难、难道是绑架犯打电话来了……
给我！
铃铃铃
喂喂?!出什么事了?!
啊，是警官吗?!
其实没什么事情，只是我想起了浩太曾经说过一件事我忘记告诉你了……
哦？什么？是绑架犯的特征吗?!
不，不是……是浩太在那人家里吃蛋糕的时候……
电视上好像正好在转播棒球赛……

他说『那场比赛无聊死了』……
那么就是说浩太在绑架犯的家里看了一场很无聊的棒球赛！
那就应该是定期举行的高中棒球的开幕战！
只要调查3月26日举行的比赛，说不定就能找出嫌疑犯……
总之先让调查人员监视那三人的家……
我们去调查那天到底是场什么样的比赛!!
哔
喂喂，要监视啊……有那么严重吗?!
说不定是我哪个朋友在恶作剧，过一段时间浩太就会自己回来也有可能啊？
你在胡说八道什么啊?!
有一个男孩被绑架了!!这怎么可能当成恶作剧来处理呢!!
啊，是吗……
你说得没错……
……

FILE.3 无聊的比赛
10000
JUMBO
¥300

——警视厅——
原来如此……
被绑架的浩太以前曾经到绑架犯的家里去玩，那时电视里播放的棒球比赛是场很无聊的比赛……
是的……
浩太看到的那场棒球直播是3月26日，
应该是高中棒球的春季选拔赛才对！
还有此时绑架犯家里的录音电话里传出了浩太的表哥，将史先生的声音……
而且那天将史先生在对方电话里留言的只有三个人，留言的时间是中午过后、傍晚和晚上，时间相差很大……

只要调查一下那天高中棒球比赛的内容，应该就可以找出绑架犯了……
那么，知道那三个是什么人吗？
知道……

中午过后打过去的是将史先生童年时的伙伴，名叫六田卓儿，是个音乐家……
傍晚打去电话的是高中时的学弟，模型设计师……
名叫引屋门成……
晚上7点多打过去的是将史先生工作的健身房的常客，佐塚良兼……据说是纸币收藏家……
三个人的地址都写在刚才我发过去的传真上……
那么，绑架犯的要求呢？
这个还没有收到……
只有将史先生家的电脑上留下了『准备好100万，随后再联系』的字样……
你们的表弟在我手里！
快准备100万日圆！
我随后会和你们联系！
如果报警我就杀人！
100万呀……对于这么煞费心机的绑架事件来说，要求的赎金倒是不多……
是啊……绑架犯好像是将史先生认识的人……
所以可能知道他们最多能够拿出来多少赎金……
我们现在正在利用另外一台他姐姐的电脑搜索3月26日举行的那场高中棒球赛的内容……
顺便问一下，这个电话应该没被窃听吧？

应该没有!如果有人存心窃听的话,在这个房间里至少也会布置两三个窃听器才对……
好,我知道了!!马上布置人员调查那三人的家!如果你们找出了绑架犯马上告诉我!!
佐藤警官,找到了!
好的……那么回头再联系……
3月26日春季选拔赛的比赛结果!
一共有三场比赛!
中间有没有哪场比赛看上去比较无聊的?
嗯,第一场是7比6……
是反超之后再被反超的白热化比赛,
决定胜负的是延长赛的第12回合,从10点就开始的比赛居然一直打到下午2点……
嗯……这场比赛怎么也不能说是无聊吧……
是、是呀……
还有两场比赛呢?
第二场比赛结束是在下午4点半……

高中棒球 日程和结果(首场比赛)
修大付 3 0 0 2 0 1 1 5 2 14
天英 1 0 1 2 0 0 0 0 1 5
比赛的结果是14比5……
好像是其中一个高中一边倒的大胜……
3月26日,大会第4天的第2场比赛,修大附属中学以14比5的战绩击败首次出赛的天英中学。
可是,下半局中被看作未来的职业选手而广受关注的天英中学的1号击球手……
会不会是这场?一边倒的比赛总是比较无趣……
可是输球的那所高中有一位受到职业棒球界瞩目的选手,打出了6打数6次安打2次本垒打的好成绩……
这个不是很值得一看吗……
会期待他是不是还会打中下一棒而兴奋不已咧……
没、没错……
最后的那场比赛呢?
是1比2的投手战,两个学校都几次陷入千钧一发的局面……
直到第9回合下半局才一锤定音分出了胜负……
结束的时候正好是晚上7点!
这也不能说是无聊的比赛吧……
是不是因为浩太支持的高中输了,所以他才说无聊呀……
还没上小学的小鬼怎么会有支持的高中呢!
喂!

会不会是高中棒球以外的棒球赛啊！
因为也有可能看的是有线电视或者卫星电视呀！
没错……
能不能帮我查一下？
啊，好的！
嗯，下午、傍晚和晚上……
有关棒球的节目……
嗯，中午12点到13点卫星频道放的是……
ワールドスポーツ
ゴルフ
「ONYオープン」
11:50 ニュース
12:00
メジャーリーグ
ナイスゲーム
セレクション
(グレメンス完全試合)
13:00
ショッピング
11:30
株式ニュース
11:55 天気
12:00
お昼のワイドTV
13:00
ゴルフ
「ONYオープン」
全美职业棒球联盟好球集锦……
15点到17点是……
沖野ヨーコほか
14:55 ミニ情報
15:00
サタデー㊕リクエスト
「おめでとう！！
鹿児島ファルコンズ
優勝への軌跡」
ゲスト・木暮裕史ほか
16:55 ニュース・天気
17:00
ニュースプラスα
「怒りのリポート・住宅
街の真ん中に粗大ゴミを
Sunday特别节目《恭喜！鹿儿岛猎鹰获胜的轨迹》重播……
アニメ劇場
随后有线电视台播放的是《美洲豹队的清松本赛季之愿》这个节目……
从18点开始到19点……
18:00
スポーツ探偵局
「ジャガーズ清松
今シーズンに懸ける
想い」
最新スポーツ情報
19:00
ベストチョイス
「グルメ日本の旅」
列島北から南まで
18:30
19:00

最好的选择《美食日本之旅》列岛从北至南……
嗯，好球集锦应该不会无聊……
获胜的轨迹也应该会让人兴奋才对……
……也就是说无聊的可能是那个美洲豹队的清松的谈话节目吧……
可是这个节目妈妈看了呀，她说是回顾了清松选手从初次参赛以来的所有本垒打，非常精彩呢！
那么，电视里放的就是以前录好的棒球比赛的录像了……
这、这个应该不太可能……
浩太说是他自己用电视机的遥控器打开的电视……
正好看到了那场棒球比赛……
这样的话，是不是绑架犯预料到浩太会去开电视，所以才特地让他看到了一场毫无关系的棒球赛……企图混淆时间！
笨蛋！遥控器在浩太手里呀！
只要换个频道马上就会被拆穿的，这样做根本没有意义的！
对、对啊……
浩太真的没说他去绑架犯家里的时候是几点吗？
是、是的……
好像是那个人不让他说……
我们问了很多次他才肯说那张假面超人的卡片是那个人送的，而且他还去那人家里玩过……
我说……

如果说给浩太那张罕见卡片的人就是绑架犯的话……
一般会觉得那个收集卡片的模型设计师引屋先生比较可疑啊……
不对，那张卡片虽说罕见，但是在专门的卡片商店里用5000日圆就可以买到，算是比较普通的……
虽然小孩子会觉得很贵，不过有工作的大人应该都买得起的！
当然我和引屋都有这张卡片，但是我们想要的那张价值80万日圆的错版卡片就不一样了……
我记得那位引屋先生说寄了个什么卡片的包裹给你……
那个里面会不会就有那张卡片？
我都说了没有的！
还有那位佐塚先生说给你寄了三万日圆现金的挂号信，是不是里面混有珍品纸币……
这个……我可没耐心去看每张纸币的号码，直接放到钱包里了！
还有，我还不知道六田寄来的彩票有没有中奖呢？
因为我一点兴趣也没有，所以也没有对奖直接扔掉了……

那、那个……
什么？
你发现什么了吗？
啊，没有……
不是什么重要的事情……
……
啊，对了，是电影！那个棒球比赛会不会只是电影或者电视剧中的一幕呢？
没错……也有这个可能！
快查一下！
啊，好的……
那天播放的电影和电视剧是……
都是些爱情片呀！
周六恋爱剧场是《变心是美丽的Ⅱ》……
联谊贵族《擦肩而过的两人》……
完结情人《过于短暂的春天》……
……尽是这些节目，就是那天放的……

我只不过是被那里的食物所吸引才会去的……
什么？
因为由美说她知道那家店的东西既好吃又便宜……
我根本不知道是什么联谊会……
和某人不一样……
啊，不是的……
而且你这穿的是什么呀？
看上去蛮帅的嘛？
佐、佐藤警官还不是化了点淡妆……
那是由美她一定要我化的!!
我也是这样的呀！被千叶逼着……
还是不要说这件事了……
是啊，反正也无所谓……
喂喂，你们两个在干吗呢……

叮铃铃
叮铃铃
叮铃铃
我是佐藤！
我是目暮！找出来了吗？三个嫌疑犯中谁才是绑架犯!!
这个还没有……那天播放的棒球比赛都是非常精彩的……
怎么搞的啊，我们的警员已经在那三人的家附近埋伏下随时准备突击了!!
如果再拖延下去的话恐怕被绑架的孩子会有生命危险……
我回来了！
啊？
刚才的声音是……
难、难道……

浩、
浩太！
没事吧？
有没有哪里受伤？
没有啊！我很好的……
我坐上那个给我卡片的叔叔的车以后就困了……
那个叔叔是住在哪里？你认识他家吗？
你是谁啊？大姐姐……
是警官哦！
告诉我，浩太！
可是我……已经答应了那个叔叔的……
绝对不可以告诉别人的……
可是那个叔叔是抓走浩太的坏人啊！拜托你了，一定要告诉我!!

可、可是……
我看还是算了吧……浩太也平安的回来了……
我想可能还是我哪个朋友在恶作剧吧！
虽然这个玩笑有点开过头了！
恶作剧……
嗯？怎么回事？发生了什么事吗？
什、什么……被绑架的孩子刚才回家了……
什么?!
难道你们把100万日圆交给绑匪了吗？
没有……绑架犯没有和我们联系……
再说被勒索的将史先生也没有付钱的打算……
不对……
可能犯人在刚才将史先生到其家里去的时候，对他的某些言行作出判断……
就让浩太回家了……
虽然我还不知道是怎么回事……
但是从犯人寄到将史先生家里来的东西来看……

犯人一定是那三个嫌疑犯中的……
那个人没错!!
虽然我觉得是这样……
但是还有想不通的……就是浩太说在犯人家看到的那场无聊的棒球赛……
浩太应该不会为了包庇犯人而胡说八道……
那么浩太，有话明天再说吧！
今天应该睡觉了！
好的！

所以警官先生，今天也先请你们……
嗯？
トコトコ
……

怎么回事啊？你的袜子……怎么是湿漉漉的……
啊、这个吗？
因为将史哥哥说不能要陌生人的东西……
所以我刚才和那个叔叔告别后才想起来要把卡片还给他……
结果那个叔叔不在房间里，浴室里却出来一个不认识的大哥哥……
那么，接下去就交给警察了，我们先回去吧！
我还想知道今天世界杯足球赛预赛的比赛结果呢……
哦！
正好是体育新闻的时间！
我可以看一下电视吗？
啊，可以……
不对——0比0！虽然双方都没有破门得分，但是比赛非常精彩!!
什么啊，0比0呀……

没有破门得分的……
比赛!!
对了……
算了，客场这个结果也不错了……
所以浩太才……
那么犯人还是那个人……
打算利用浩太来窃取这个家里的财产……
为了不让任何人察觉财产被盗……
偷偷摸摸的……

FILE.4 中头奖!

所以我不是说了嘛!!
肯定是我哪个朋友跟我开了个玩笑而已!
一定是想等着看看我因表弟浩太被带走以后惊慌失措的表情!
现在浩太也在事情闹大之前好好的回来了!
可是我说……
绑架犯在勒索100万日圆的同时，还威胁如果报警就杀害人质不是吗?
那个怎么可能当成恶作剧来处理!
而且，浩太以前去绑架犯家里玩的时候还从录音电话里听到过你的声音!
也就是说，绑架犯是你的朋友，而且是你曾经邀请过要他去参加联谊会的……

六田先生……
引屋先生……
佐塚先生这三人中的一个，怎么可能就这样放过他呢！
好了，浩太带我们去那个人的家里！
就算那时绑架犯是化了装的，你只要看到房间里的布置就能认出来吧？
喂喂，都说了就这样算了吧！家里也没有被偷走什么东西……
浩太能够毫发无伤的回来就证明是恶作剧了！
可、可是……
该不会是你们去那三人家里的时候已经偷偷的把钱交给了他吧？
要是这样做的话早就被那位警察小姐看穿了……
可是一定有什么的！那三个人寄过来的物品里一定有价值极高的东西，然后你还给了他……
真是的……我刚才不是说了六田给我的奖券我根本没有兴趣，看都没看就扔掉了，
引屋在促销活动上买来送我的假面超人的大礼包里只有很一般的卡片……
佐塚寄来的挂号信里的现金倒是可能混有珍品纸币……
但是在他寄出来之前就应该注意到的吧？那家伙可是纸币收藏家呀！
真奇怪呀~~

我打开了阿彩姐姐的邮件——……
怎么出来一张女人的裸体照片——！
柯南!!你在看什么呀!!
啊，这是我认识的一位插画家开玩笑发给我的……
不可以啊！不能乱动别人的东西！
可是，邮件上写着『请点击』嘛……
如果在打开之前就知道会发生什么事的话……
当然就不会打开啦！

笨蛋！在讨论人家的邮件内容之前先反省一下为什么随便打开别人的邮件吧！
等等！
绑架犯事先料到将史先生和阿彩小姐会去参加联谊会，趁此时进入家中……
打算偷走某样东西是吧？

这样的话送来假面超人大礼包的引屋先生应该是清白的……
因为为了一个不打开就不知道其中内容的礼包是不可能特地安排这样的计划来偷取的……
原来如此……这样说来如果六田先生送来的彩票的号码应该和他自己的彩票号码是连号的话……
他就知道送给将史先生的彩票是否中奖……
是啊……这样的话佐塚先生先生送来的3万日圆也是一样的……
如果他发现有一张买来的珍品纸币忽然找不到了，就会想到是不是一时粗心寄给将史先生了……
……
小兰姐姐，上次小五郎叔叔也收到过一个用闪闪发亮的纸包好的瓶子是吧？
是啊……那是香槟啦！
是上次爸爸解决了事件后那个委托人送来的礼物……

香槟是果汁吧？我也想喝——！
那是酒啦！
而且已经被爸爸喝光了……
是酒吗……
那就没办法了……
对呀对呀……

因为刚一收到香槟小五郎叔叔就马上打开……
全部装到自己的肚子里去了！
啊？
等等……如果是现金挂号信的话，一般都是一收到就直接装进钱包里了……
这样的话，就算把珍品纸币混进去了，也应该是在将史先生的钱包里……就不应该到没人的家里来找……
那么，最可疑的就是送彩票的……
将史先生的童年玩伴六田先生了……
这怎么可能！我对彩票一点兴趣都没有，很可能随手就把彩票扔掉了呀！
所以他才可疑呀！
因为你很有可能不拆封就随手扔在桌子上……
原来如此，就是因为根本没有兴趣，所以不见了也不会注意到……
运气好的话根本就不会发现有东西被偷……

等一下！你们忘记了吗？浩太去绑架犯家里玩的时候电视里播放的……
那场无聊的棒球比赛!!
我打电话到六田家的时候是3月26日的中午过后，电视里放的棒球是……
高中棒球大赛春季选拔赛中的一场比分连续反超的激烈比赛和美国棒球联盟好球集锦这两个节目！
喂！浩太！你真的觉得那场比赛很无聊吗？
嗯，一点也不精彩……
看吧！六田怎么可能是犯人!!
可是……
那个好球集锦的下面写着『安全比赛』呀！
安全的话一定一点都不激动人心吧？
12:00
12 メジャーリーグ ナイスゲーム セレクション18 (グレメンス完全試
13:00
13 BS傑作映画劇場「マドロックス」(2003年アメリカ)
笨蛋!!那个念『完全比赛』啦!!
就是完美的比赛，也就是投手不让任何一个击球手成功上垒的超级厉害的比赛……

难……难道说……
没错……完全比赛我们看来会很紧张……但是对于不怎么懂棒球的孩子来说却是一场没有任何高潮的无聊的比赛……
而且播放一小时的集锦的话一定都是投手阻止对方攻击的画面……
对方的击球手接二连三的被打败而已，确实是一场看上去很无聊的比赛！
浩太！是这样吗？
嗯，是的……
一次三振出局都没有……
一直是出局而已……
这样的话绑架犯就肯定是六田先生了……
等、等一下……
就算六田是犯人也应该算是绑架未遂吧？
他又没有拿到我的钱……
而且……他也说过他最近正愁钱……
肯定是一时鬼迷心窍啦……

哦……原来你知道呀？那张彩票中奖了……
没错……知道他缺钱的你把装彩票的信封就这样原封不动地寄了回去……
可是，不知道这件事的他却因为侵入你家后找不到信封，急切之下绑架了浩太……
随后当你看到现场开始怀疑六田的时候，就提议去他家拜访一下……
在看到他家塞得满满的信箱以后……
猜想他还没有看到自己寄回去的信，于是你才会那样说！
去看看你的邮箱吧！
说不定里面会有好东西哦！
有什么地方说错了吗？
啊，是这样没错……
可是虽然我这样做了……
有什么不可以吗？彩票本来就是那家伙买的……

而且也只有那家伙了！还没有放弃我们当年的音乐梦想，还在努力坚持！
其他的几个都已经坚持不下去放弃了！
所、所以……
所以就放过他吧，警官……
这可不行……

绑架和杀人一样都是最卑劣的犯罪!!
无论有什么理由都是不可以原谅的!!
而且，目的又是为了金钱……
更加无法让人同情……
如果要伤害别人的感情才能实现的话……
对那人来说其梦想就已经不能称之为梦想了吧……
……
……是啊……
那家伙太傻了……
好了，高木！通知目暮警官包围六田家!!
啊？
高木警官刚才就不见了……
是上厕所去了吧……
真是的，这种时候他干什么去了！

警官！我们找出绑架犯了!!
就是将史先生的童年玩伴六田卓儿！
犯人可能会逃走……
如果他不配合警方行动的话可以当场逮捕……
不……已经不用了……
什么？
刚才他脸色大变的冲了过来……
他、他是……？
噢噢，佐藤！

呼
呼
呼
就是他啦！

高、
高木?!
呼
呼
这血迹是怎么回事?
你是不是又一个人逞强冲进去和犯人搏斗了……
呼
呼
没有，这是绑架犯六田先生的血……
什么?
是高木闯进屋子里去救了他!
嫌疑犯割腕后把手腕浸入浴缸企图自杀!

自、自杀?!
是啊……刚才被救护车送走了……
多亏发现得早，据说应该能得救……
所以就算逮捕也要等他伤好以后……
可、可是他为什么会自杀?
是浩太的袜子……

我问了一下他的袜子为什么会那么湿……他说他和绑架犯分开后又回去还卡片，结果在浴室里看到一个不认识的男人……
所以，我就想到会不会六田先生让浩太回家后就除去伪装打算在浴室里自杀……
袜子被弄湿一定是在浩太进入浴室靠近六田先生的时候的事……
此时如果六田先生意识清醒的话是不会让他接近自己才对……
原来如此……
一定是六田先生在信箱里发现了将史先生寄回来的彩票，
觉得自己糟蹋了他的一片好意，对犯下这样的罪行悔恨不已，所以才决心自杀……
在将史先生收到的邮件中能够事先知道里面东西的价值……
而又能够事后潜入房间偷走的东西就只有彩票了……
可是，你怎么知道绑架犯是六田的……
那为什么你不把这些告诉我……
啊，不是的……
我只是对自己的推理没有信心……所以就想先来看看再说……
对、对不起……
……

那么警官！接下去就拜托你了！
啊，好的……
啊？
生、生气了……
佐藤警官……
嗯哼
啊，佐藤，趁你现在还记得比较清楚赶快回总部把这次事件的报告写给我！
啊，是！
高木！你也一样……
是、是……
可以用我的车……
我要在这里等待允许搜查这幢房子的搜查令发下来……

对、
ゴオォォ
对不起……
干吗？你没什么需要道歉的事情呀？
可是，你不是生气了吗……
咦？我看上去像在生气吗？
那个联谊会真的是千叶他……
他说人数不够所以才硬拖你去的……
你怎么也无法拒绝他是吧？
虽然如此对来参加联谊会的女孩你还是有所期待的吧……
啊，这样的话你生气还是为了刚才那件事……
没错吧？

没有能够及时报告上司佐藤警官并听从你的判断是我不对……
可是在这个想法浮现之前我的身体已经自己行动了……
对、对不起……
真的对不起……
没必要道歉……

因为比起抓人来说救人要重要得多……
你做的是非常了不起的事情……
而我却完全没有考虑到嫌疑犯的精神状态……
一心只想着怎么抓住他，我在生自己的气……
不过一下子就能看穿犯人的某人看上去非常了不起的样子……就有点不服气……
啊，没有啦……其实我也经常和千叶一起买彩票……所以才会偶然……
是吗？真的像是彩票中奖的概率一样呢……
什么？
正在交往的两个人被分别邀请参加联谊会……
居然能够遇到……
是啊……我买彩票还一次都没有中过奖呢……
……

那么，我也是一张没中奖的……
彩票而已吧？
啊，不是的……
你是中头奖的彩票!!
你真的这么想？
是啊，当然！我对樱花徽章发誓!!!
那么，你能为我确认一下吗？
到底有没有中……
可以……
非常乐意……
啊——嗯哼!!

※注：樱花徽章是日本的警徽。

你们两个不会是……
忘记了还有我们坐在车上吧……
一周以后……
啊？又是联谊会啊？
是呀!!这次的人数也是怎么都凑不齐……
由美……不好意思我不去了……上次已经够糟糕的了……
什么？吃完饭以后有无限量蛋糕供应啊!!
而且费用全都是对方负担？
我去我去！
等我速战速决把三丁目的强盗抓住以后马上就去！
佐、佐藤警官……

FILE.5
令人兴奋的采访

嗯……我是……
干这个的……
Free Writer
杉森政人
自由撰稿人啊……
是的……

我还以为自己最近在女性杂志上应该有点名气了呢……
看来是我高估自己了……
杉森政人（32）
自由撰稿人
啊，不是的，因为我平时不太看杂志……
没关系的，请别介意……

那、那么请问……
你找我有什么事吗？
如果你是想采访校园暴力问题的话，我的班上可没有这种现象……
不是的，我想采访的是你班上的少年侦探团！
侦、侦探团……
是说小岛同学他们组成的那个小组吗？
是的，我听说了那几个孩子的事迹……
可是那只不过是几个小孩子觉得好玩才组成的什么侦探团……
其实只不过是找找走丢的猫咪什么的……
咦？可是警方的人员不是说了的吗？
他们也经常帮忙解决杀人事件什么的……
特别是那个叫江户川柯南的男孩……
哦，柯南吗？
我的文章题目定为『复苏在21世纪的少年侦探团』，怎么样？不错吧？
啊……
不错……

啊？
采访？
采访我们少年侦探团吗？
是啊，没错！
昨天放学以后有一位自由撰稿人杉森先生到学校来了……
说是要我无论如何允许他把你们平时的活跃表现写成文章……
真的啊……
听上去真有趣！
所、
所以……

阿嚏

阿嚏
阿嚏
你感冒了吗？小林老师……
好像是的……虽然还没有发烧……
但就是不停的流鼻涕和打喷嚏……
嗯
你的眼睛是不是也很痒啊？
是啊是啊，我想是因为昨天改试卷改到很晚的关系吧……
一定是眼睛太疲劳了……
这是花粉过敏症啦！
才不是呢！
老师从小就不会对花粉什么的过敏……
花粉过敏症是当抗原也就是过敏源在体内蓄积到一定程度才会第一次发作的！
不过能够蓄积花粉这一过敏源的时间一年内也只有有限的几个月……
所以要蓄积到一定程度的话有时候会需要很久……

所以就算小时候没事，到了20、30岁的时候却开始花粉过敏是常有的事情！
哦……
然后呢？你们打算怎么办？那个采访……
这个当然是——
接受采访啦!!

たばこ
真是的……
马上就要接受采访了，怎么下雨了啊……
明明昨天一整天都是好天气的……
难得穿一次正装要是被雨淋湿就糟糕了……
步美的鞋也湿透了，这可是昨天晚上刚刚买的呢……
真是的，你们太小题大作了啦……
应该没关系的吧？在接受采访之前借一个吹风机吹干不就好了……
反正采访是在那个自由撰稿人的家里呀……
可是最近的电视都是放的高清晰的，会不会进门的时候一身的水渍都被拍下来啊……
啊啊？还有摄像机呀？
不会有的啦……

你们说会不会是做一个特别节目啊？
那么录节目的主持人也会来啦！
这样的话，步美希望水无怜奈姐姐来主持！
……
这怎么可能？
她现在还在医院的病床上呢……
是啊……那个主持人是黑衣组织的成员，到现在还没醒过来呢……
喂……你说这次采访会不会……
是他们的……
这不可能……
让5个孩子到自己家来再怎么做也会引人注意的！
那些家伙不可能留下这么容易引人注目的线索……
他们的一贯做法不是在别人毫无察觉的情况下出手吗？
是啊……
而且，如果想对付我和灰原的话，应该不叫大人一起来会更方便……
真不好意思！

你们等了很久吧？
呼
呼
小、小林老师……？
你、你忘记戴眼镜了……
和佐藤警官一模一样……
啊？这个嘛？
我想改变一下形象就戴了隐形眼镜！
很难看吗？
一点都不难看！衣服也很有女人味……
比平时漂亮很多呢！
谢谢啊！
是因为那个撰稿人也很帅吧……
不、不是这样的……
不过还是不要戴隐形眼镜的好……
如果因为花粉过敏导致眼睛发痒的话……
隐形眼镜会刺激眼睛……

知道了啦……戴眼镜总可以了吧？
嗯！这样比较好！
虽然因为下雨花粉没有到处飞散得那么厉害……
但是说不定那位撰稿人先生家里的某个地方会聚集不少花粉呢！
还有最好在进他家之前把身上毛茸茸的装饰物拍拍干净，说不定会把花粉带到别人家里去的……
是、是啊……
老师老师！那个撰稿人先生很帅吗？
啊，是啊，长得不难看……
而且非常坦率，很容易和他交谈……
大家一定会喜欢他的！
他说他是专门替女性杂志写稿的著名撰稿人，对于怎么对待孩子也应该有心得吧！
著名的吗……
是名人啦!!
一定住在很高级的豪宅里！
那么有专门的大厨和点心师吗？
一定会请我们吃晚饭的，一定有很多好吃的!!
啊，那个……哪有这回事啊……

カン
カン
カン
是这里吗？
好、好像是的……
カン
カン
不是什么豪宅呀……
只不过是普通的公寓嘛……
这样的话摄像师呀……
主持人呀都不可能出现了……
唉！
不用管那么多了！
这样大家反而不会紧张，可以更好地交谈不是吗？
老师，那个撰稿人先生真的说采访地点是他自己家吗？
那个房间看上去只不过是间不超过10平方米的一居室而已……
不是的……
采访地点是附近的一家家庭餐馆……

哎呀！我忘记在到达车站的时候给他打电话了！
我就知道……
要先打个电话……
不用了啦！我们都已经到这里了，就在他家接受采访吧，也好早点结束！
我们大家直接到他家来了，不知道他会不会大吃一惊……
就是呀！
不能太吵哦！
叮咚
叮咚
咦？难道不在家吗？
不会啊……今天的晨报还塞在投递口，应该还在睡觉吧……
ガチャ
呀！
门没锁呀……

哇

杉、杉森先生?!
不可以进来，老师!!
啊？
如果曾经和他见过一面的老师，你的头发什么的掉落在这个房间里而被发现的话，可能会被怀疑不是吗？
总之老师先叫救护车和报警!!
因为我们是小孩，也许会被当成是恶作剧!!
好、好的……
不……救护车已经不需要了！身体宗全僵硬了……看来死亡后已经超过半天了！
僵、僵硬？死亡后已超过半天？
而且难道这个是……
你在发什么呆啊！快一点!!
啊，是……

遇害的是杉森政人先生……
32岁……
是个自由撰稿人是吧？
是、
是的……
今天我们约好要见面的……
因为要采访这几个孩子……
然后呢？过来一看……
就是现在这个样子了……

顺便问一下，你是什么时候接受那个采访请求的？
是前天的傍晚，他到学校来的……
那么也就是说，直到前天傍晚被害人都还是活着的……
老师你不是告诉了杉森先生我们愿意接受采访的吗？
是呀……

我是昨天上午打电话告诉杉森先生这件事的……
你还记得是几点吗？
是第三节课和第四节课之间的课间休息，我用手机打的……
只要看一下通话记录……
哔
是上午11点22分……
这样的话，案发时间应该更晚……
警官！
好像凶器就是这个照相机用的三脚架！
嗯……如果是进入房间用三脚架打死他的话，就很有可能是熟人作案……
是啊……如果被害人是位撰稿人的话，凶手也有可能是他正在采访的对象……
没错……也有可能因为写纪实报道而被人怀恨在心……
是啊，如果写了有关明星的报道还有可能会得罪那些明星的崇拜者……
嫌疑人的范围太大了……
我觉得有嫌疑的只有4个人……

柯、柯南……
啊？
你们看呀！这个录音电话的按键！
有灯在闪烁呢……
好像有4条留言……
可是啊，柯南……
为什么这4条留言会和嫌疑犯有关……
再仔细看看呀！按键的边缘！

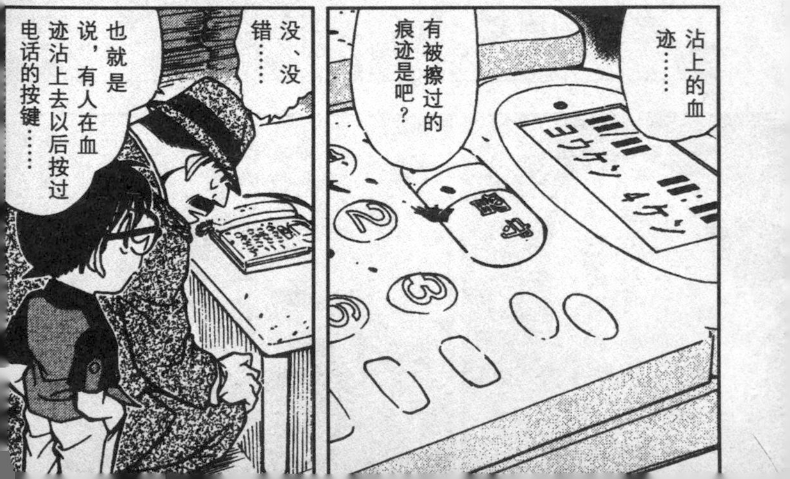

沾上的血迹……
有被擦过的痕迹是吧？
没、没错……
也就是说，有人在血迹沾上去以后按过电话的按键……

你觉得什么人会这样做呢？
是、是啊……
在殴打被害者以后……
犯人就逃跑了的话，那么如果是恢复了意识的被害人按的，就应该不会按留言键而直接按110报警才对……
没错警官！被害者的指尖没有血迹！
那么，按键的就是犯人了……
是啊……那就只有犯人在杀人之后把电话设定成留言状态这一种可能了……
那么，犯人为什么要这样做呢？
这个……应该是不想尸体过早被发现吧……
如果有人打电话来的话，听到的是留言电话也许就不会上门来拜访了……
可是这个房间的钥匙就放在桌子上，但是门却没有锁！

如果不希望尸体被发现的话，应该锁上门才对……
是、是呀……
那么剩下的可能只有……
犯人自己……

在录音电话里留言……
伪造不在场证明……
这样的话不锁门的理由也有了！
是啊！如果尸体很晚才被发现导致死亡时间无法准确推断的话，好容易伪造的不在场证明就没用了！
好！我们赶紧听一下！
那4个嫌疑犯的声音！
……这究竟是
怎么回事？

这孩子究竟是怎么回事……？

FILE.6
真正犯人的留言

好，那就赶快来听一下！
ゴロ
ゴロ
那4个嫌疑犯的声音！
啊，请稍微等一下！
以防万一我们还是一边录音一边听吧？这样还可重复听……
万一不小心删除了就糟糕了……
说、说的对……
你去和鉴定科的人说一下让他们拿录音器材过来！
是！
喂，柯南……

那个录音电话里真的录了犯人的声音吗？
没错……因为录音电话的留言键上的血迹被擦掉了一部分……
犯人一定是在打死杉森先生以后为了用录音电话来给自己伪造不在场证明，特地留了言在里面……
可是，也有可能是为了扰乱警方的调查而特地做的手脚呢……
那你看看那个呢！
在大门的门把手上沾有血迹是吧？
这就是犯人没有注意到自己的手指沾上了血迹，慌忙逃走的证据……
真、真的呢——！
那个录音电话按键上的血迹没有伪造的痕迹，
看上去只是临时打算利用这个机会制造不在场证明而已……
不过门把手上的血迹没有指纹，所以犯人应该是戴了手套的……
等一下等一下……
嗯？
你一开始就太招摇了吧？
高木警官和目暮警官是已经有免疫力了……

小林老师可是第一次看到你的推理……
应该稍微收敛一点啦！
你不是经常做的吗……
要怎么收敛啊……
『哎呀呀』呀……
『好奇怪』呀……
就是那种有点像头傻脑的小孩子的样子……
哈哈……
我想你应该知道，你的名侦探作风再被更多人知道的话，迟早有一天会传入他们的耳朵里……
是啊……
我知道！本来这次的采访我也没打算多讲话……
可是，是真的吗？
这个被害人杉森先生是有名的撰稿人……
啊，是的……
前天他来学校的时候亲口说的……
最近写的东西开始畅销了……

这样的话住的地方应该更好一点才对……
说不定这位杉森先生在夸夸其谈也有可能啊……
不、不对……
嗯哼
我知道啦！
哎呀呀！杉森先生的腰里挂了一把好有趣的钥匙哦!!
看呀，
有匹银色的小马！
他一定很喜欢动物！
是法拉利跑车的车钥匙……
那么贵的车……

说不定杉森先生就是那种为了喜欢的车而可以一贫如洗的人吧……
为了维持有名车的生活，宁愿削减自己的生活费，这种人也是有的……
嗯……房间钥匙没有和车钥匙挂在一起……
也就是说是个爱慕虚荣的家伙了……
喂喂，柯南……

刚才你那个『哎呀呀』是怎么回事啊！
老是这样的话我们会被那些大人嘲笑的！
虽然很可爱，可是有点撒娇的感觉……
是、是啊……
可是……
这也太……
让人为难了吧……
警官，我们把录音器材拿来了！
哦，太好了！
虽然只是个简单的MD录音机……
只不过是录音而已，应该足够了吧！
好，首先第一条……

カンカン
这是附近铁路道口的声音吧……
这个声音的穿透力还真强……
カン
カンカン
还真长啊……
居然持续了两分多钟……
カン

停、
停了……
好，就是现在！
你们也安静一点……
首先第一条……
有4条留言……
哔

啊，杉森吗？我……是晴华……昨晚我喝多了，对不起……我已经不生气了……
你总是不肯带我回你家，所以我就觉得是不是你家里有别的女人……
那么听到留言后跟我联系哦……
上午11点25分星期五……
听到背景里电视机的声音了……
对……今天4月22日的特别报道就是关于花粉过敏症！
哔
说到花粉过敏症，今天花粉飞扬得更厉害了……
不知道大家对于花粉过敏症有什么对策吗？
这是日卖电视台中午11点播放的《全心全意TV》节目
我妻子小绿很喜欢这个节目……经常录下来要我一起看……
比如可以减肥的进餐方法什么的等等……
4月22就是昨天了，只要问一下电视台就知道这是几点播出的……
我想只要问一下我妻子就知道了……
哔
哔
嘟——

我是桧垣……我想和你见一面……现在正在去你家的路上……
如果不在家的话就算了，改日再来……
下一站是奥穗~~~奥穗~~~下车时请注意脚下……
关于车子的事情真是对不起了……
再见……
上午11点27分 星期五
2ケンメ サイセイ

背景里的声音好像是电车里的广播……
在奥穗站的话离这里很远呢，就算坐电车也要40分钟左右才能到……
等一下去问一下车站……
哔
哔
哔
哔
那个……我是兴荣馆的稻叶……我想问一下拜托你的报道现在进行得怎么样了……
主编！今天是几号了？
是4月22日上午11点28分！
……也就是说还有一个星期就截稿了。请加油吧！
啊，上次的那个揭穿内幕的报道我已经不介意了。今后还请多多关照！
上午11点29分星期五……
这次是人声……
好像是从公司打来的……
除了打电话的本人之外还有一位主编……
主编，今天真的要去看夜间比赛吗？
没关系的，今天是在东都体育馆比赛。
3ケンノメ サイセイ
兴荣馆不是也在很远的地方吗？
是啊，坐电车的话需要换乘……
开车也要一个小时……
那么还有最后一条……
哔
哔
哔
哔

啊，我是刚才打电话来的帝丹小学1年级B班的班主任，小林……
阿嚏
啊不好意思……好像是花粉过敏症……
阿嚏
我有件事想问你，那就等明天来拜访的时候问……
阿嚏
那么，明天见……
上午11点30分星期五……
那是老师的声音吧？
嗯，是的……
那么老师也有可能是犯人吗？
什么?!
这怎么可能……
如果老师是犯人的话在发现尸体的时候一定会强行进入房间接近尸体的……
这样一来就算事后警方在勘查现场的时候发现了自己的毛发或是指纹的话就有了托辞……
……
喂喂……你也稍微收敛一点……
啊，不好意思……

我问一下，你留言中提到想问的事情是什么？
啊……我想把孩子们接受采访的事情登到学校的报纸上，所以想问问他能不能让我拍两张采访时的照片……
那么你留言的时候是昨天上午11点30分，这个时间没错吧？
是的……我听到了第四节课的上课铃响……
昨天第三节课下课是11点22分，我在打电话告诉杉森先生我们愿意接受采访以后……
突然想到了这件事就又打了个电话……
可是这时就已经是录音电话了……
那么案发时间就是在11点22分到11点30分之间……
不对……根据老师的证词，如果这个电话的时间是正确的话，应该是从22分开始到第一条留言被录下的25分这3分钟之间……
3分钟……动作还真快呀……
这么说的话，我打那个表示愿意接受采访的电话给杉森先生的时候他说过马上有客人要来……
这个来访的人就是犯人吧……
你没有问名字吗？
啊，没有……
那么，总之先让除老师以外的另3个留了言的人到这里来……
是啊……被害人的通讯录里写了这3个人的联系方法……

警、警察？
我已经交了违章停车的罚金了呀！
啊，不是的，是关于杉森先生的事情……
蓬田晴华（29）
自由撰稿人
昨天中午前后，你在他的录音电话里留言了是吧？
是啊……前天晚上喝多了，和他胡搅蛮缠了一会儿……
你还记得你是在哪里打这个电话的吗？
我是在这幢大楼里用手机打的……
请问有证人吗？
没有啊……怎么了？杉森出什么事了吗？
啊，详细情况能不能等你到了这里再谈……
我们会去接你，请告诉我们你那里的地址……

好的，梨善町1丁目的……
梨善町吗……
离这里还真远……
什么？
给杉森打的电话？
YOTSUBISHI

是啊，是昨天打的……
是在东都环状线的车厢里打的……
是录音电话……
那个时候有人和你在一起吗？
没有……就我一个人……
为什么警察要问我这个呢？
桧垣敏则（33）
加油站店员
难道那家伙……因为法拉利跑车保险杠上的一点小擦伤而报警了？
那是我借来开的时候不小心擦到了电线杆而已，不是什么大事故……
虽然那家伙因此暴跳如雷……
不……不是因为车的事情……而是因为杉森先生本人的事情而有些问题想问……
嗯？是不是他干了什么？比如超速……
不是的……详细情况等你到了他家再说吧……
喂喂，要去那个破公寓吗？
是的，我们去接你，请告诉我们你的地址……

ゴロ
ゴロ
兴荣馆
不好意思，稻叶正好出去了……
不过他应该马上就会回来的……

啊，我是这里的主编，姓林，请问警察找他有什么事吗？
你知道昨天上午11点半前后他在什么地方吗？
这个么……因为编辑们经常频繁地进出这里……
他在一个录音电话里留了言，那时的背景里听到了你的声音……
你说『是4月22日上午11点28分啦』……
哦，那应该是在编辑部吧！
他手机不太好，经常来问我日期……
我一年前就叫他去换一个了……
主编，今天真的要去看夜间比赛吗？不要紧吗？
今天不是在东都体育馆比赛，所以我才担心呢……
不是啦，我没问比赛，是说你的身体……
哦，感冒的话睡一个好觉就痊愈了……
眼睛也不充血了……
一定是那时候太累了……

啊，稻叶！你的电话，警察打来的！
啊？
警察？
稻叶敦史 (32)
编辑
那么稻叶先生，我们随后就去接你，请在编辑部里等我们……
嗯？

有什么问题吗？
是第二条留言……
背景里的车内广播有点奇怪呀。
一般都会说『下车时请注意脚下的空隙』的……
确实只说了脚下……
改日再来……
还是联系车站确认一下吧……
注意脚下……
什么？
那天进行广播的车长得了花粉过敏症?!
是的……其实就是我……今年突然开始花粉过敏……连东都环状线环绕一周的时间都撑不下来……
结果中午就找人代班了……
是、是这样啊……
据说是因为要打喷嚏了，所以只说到『注意脚下』就完了……
咔
原来如此……
咔

第一条留言里的《全心全意TV》我也跟我妻子确认过了，确实是有关花粉过敏症的内容是中午11点25分左右开始的……
……这样的话三个人都有不在场证明了……
不对……
的确有不在场证明的只有一个人……

カンカン
又是铁路道口发出的声音……
说起来那条线路也是东都环状线的一部分呢……
……
请问……东都环状线的运行时间是中午11点到下午5点，每个星期的出发和到达的时间始终是一样的是吧？
是啊……除此之外的发车时间就是没有早晚高峰期的周末和节假日了，所以车次很少……
总之先把留言的三个人接来问问吧……
カン
カン
那我就去接人了……
不对……
需要接到这里来的……
只有一个人而已……

FILE.7
THE·少年侦探团

ゴロ
ゴロ
什么？
只叫一个人来？
三个嫌疑人中只要叫一个人来就可以了？
是啊！
那么，难道你已经知道犯人是谁了？
虽然还没有证据，但是我想多半是他！

多、多半……
犯人在杀死杉森先生以后特地利用这个房间里的录音电话给自己伪造了不在场证明是吧？
那么从那三人的留言和高木警官打给他们三人的电话里不就可以知道了吗？
谁比较可疑，谁是清白的……

提示就是花粉过敏症……
嗯哼
啊，对了……
チラ
小林老师已经开始怀疑我了……
可、可是因为我是小孩啊，很有可能弄错……
花粉过敏症吗……
这么说来那三个人都和花粉过敏症有关……
昨天上午11点25分晴华小姐的留言的背景声音是……
今天，4月22日的特别报道是关于花粉过敏症！
正好在那时播出有关花粉过敏症情报的电视声音……
11点27分桧垣先生的留言里有东都环状线上和寻常不一样的车内广播……
下午时请注意脚下……
这是因为负责播音的车长也得了花粉过敏症，一直忍着喷嚏的关系，所以在环状线绕行完一周之前，下午就找人替了班……
可是11点29分的稻叶先生的留言，听到他问别人时间……
是4月22日上午11点28分！
结果主编回答他的声音也录了进去……
这和花粉过敏症没什么关系吧……
是、是啊……

咦？
那我为什么会有那种想法呢……
高木警官……刚才你打电话给那个主编的时候他不是说了吗？
昨晚睡了一个好觉感冒就痊愈了……
眼睛也不充血了……
老师也是这样的是吧？
啊，是的……
可我不是患感冒而是花粉过敏症……
嗯哼 嗯哼
对了，那个主编也是得了花粉过敏症！
被你这么一说也有可能……
可是这和这次的事件有什么关系吗？

这、这个……
喂，你们几个……

嗯……虽然柯南那样说了，还是把那三个人叫到这里来比较好……
是1个小时多一点啦！
不对！正好是1个小时！
怎、怎么了？
是东都环状线环绕一周的时间！
这时候怎么你们两个还吵架呀！
以前我和妈妈坐那班电车回家的时候，在途中两个人都睡着了而坐过了站……
但要换乘又太麻烦了，所以干脆又绕了一圈……
结果到家的时候晚了1个多小时！
可是，时刻表上写着正好1个小时呀？
这是因为走内环和外环的关系，会有一点点不一样，大致是1个小时左右……
这样的话，到达那个得了花粉过敏症的车长播音的奥穗站，不管是走内环还是外环只需要三十五六分钟是吧？
啊，是啊……
奥穗站正好是在这里的正对面……
如果那个车长在环状线环绕一周之前的下午下车的话，他上车最早也应该是上午11点过了……
是、是啊……
……
然、然后呢？
喂，步美……
啊，对了……

那个在电车里打电话的桧垣先生……
是不是事先把车里的广播给录下来，随后在打电话留言的时候再放出来的呢？
原、原来如此……这样的话听上去就像是在电车上打电话一样了！
说不定是很久以前就录好的呢……
这个不太可能……
那个车长说他是昨天突然开始患上花粉过敏症的……
如果车长是11点过后上车的话，能录到那个广播也只有从11点以后开始才行……
桧垣先生的留言是11点27分，奥穗站离这里的路程坐电车足足需要半个小时以上，那怎么可能录到奥穗站的车内广播……
首先到这里来杀害了杉森先生后再按下留言键就不太可能……

那么桧垣先生是清白的吗……
是啊……
元太，轮到你了……
啊，糟糕……
可、可是……
等等，元太，还太早了……
再等30秒……

好，可以了！
嗯、嗯……
可是，如果是那个叫晴华的姐姐她留言里的电视声音……
在这个房间里也可以很简单地录进去不是吗？
嗯？
对啊！只要利用那里的电视机！
在杀人后按下留言键，打开电视作为背景音就可以了……
听上去就像是在其他地方打过来的一样了……
因为谁都不会想到会有人在杀人现场还有闲情逸致开着电视打电话吧……
没、没错……
这样的话可疑的不就是晴华小姐了吗？
咦？那是什么么？

嗯？
外面好吵哦……
确实听得到……
我要早点过去呀……
怎么那么久啊什么的……
那难道是……

啊，是附近铁路道口的声音……
好像刚才在听录音电话的留言之前也听到了这个声音……
从上午11点24分开始……
持续了两分钟以上……

!!
确实那个背景声是电视声音的晴华小姐的留言，其留言时间是上午11点25分……
是啊……

而且，根据小林老师的证词，犯罪时间应该是从上午11点22分到25分的这3分钟之间！
在这3分钟里，如果犯人是晴华小姐的话，她进入这个房间，趁其不备用照相机的三脚架杀死了杉森先生，随后按下了录音电话的按钮留言后再离开房间的话，时间就差不多用完了……
慌慌张张地逃离一定会引人注意……
是啊……孩子们说得没错，如果利用电视的声音作为背景来留言的话，就一定要在这个房间或者附近才行……
这样的话留言里就会被录进铁路道口的声音……
既然留言里没有听到铁路道口的声音……
就说明留言的地方是离这里有一段距离的其他地方……
那么晴华小姐也不可能犯罪了……
剩下的就只有稻叶先生了……
是这样没错吧？柯南……
嗯！如果目暮警官和高木警官都这样想的话……
大概就是这样了吧？

什么？
稻叶先生骑摩托车出去和撰稿人见面了?!
我不是说了让他待在那里等我去接他吗!!
真不好意思，我们这里人手不够，都忙不过来……
他说他办完事马上就回编辑部……
要用电话叫他马上回来吗？
好、好的，请马上叫他回来……
没关系的呀。就让他办完事后顺便骑车过来就好了！
犯人又不一定是他……
如果真是犯人的话你追得太紧说不定他就逃走了！
说、说得对……

被、被杀了?!
杉森先生吗?!

怎、怎么会呢?!
犯罪时间是昨天上午的11点22分到25分这3分钟……
请问这段时间你在哪里?
我、我在编辑部……
你们不是听了我录的留言了吗?
那个……我是兴荣馆的稻叶……我想问一下拜托你的报道现在进行得怎么样了……
主编!今天是几号了?
是4月22日上午11点28分!
……也就是说还有一个星期就截稿了。请加油吧!
啊,上次的那个揭穿内幕的报道我已经不介意了。今后还请多多关照!
就是这条留言吧?
咔
是、是的……
主编,今天真的要去看夜间比赛吗?
没关系的,今天是在东都体育馆比赛。

连主编的声音都录进去了,总没错吧?
喂,光彦……
好痛啊!!
怎、怎么了光彦?
突然肚子好痛!!!

说不定是今天早上放到红茶里的奶杯有问题!!
写有保质期的外包装袋已经被撕破了，我只知道是4月份，但是几号就不知道了……
这种时候就要仔细问一下买奶杯的人呀……
如果差两三天也就算了，要是年份差了一年就会出大问题的!
年份差了一年……
这种事情让元太做不就好了……
好了好了……
对了，是一年前!!
那个留言是一年前的4月22日就录好的!
主编又没有说是哪一年的4月22日，电话的内容也事先设定好是关于一篇报道!
而且如果稻叶先生从一年前就开始经常向主编时间的话，主编就无法记得稻叶先生是什么时候问的了。

原来如此，把事先录好的录音带在一年后的昨天，也就是杀人以后播放出来作为这个录音电话的留言吗……
为了伪造自己的不在场证明……
那、那个……
为什么会变成这样?
我真的是昨天在公司里打的……

老师！花粉过敏症发作的时候是不是不太想到外面去呀？
啊，是呀……
这么说的话主编也是花粉过敏症吧……
什么？昨天他只是说感冒着凉什么的……
如果觉得自己感冒了，应该更有可能说那句话才对……
主编，今天真的要去看夜间比赛吗？
没关系的，今天是在东都体育馆比赛。
听上去是很起劲要去看职业棒球赛的样子……
因为主编是个超级棒球迷呀，就算感冒了也会去看比赛的！
不过我不知道他昨天有没有去！
可是呀……高木警官开始打电话给主编的时候，主编却说……
今天不是东都体育馆，所以很担心……
这样一来，星期五的比赛在东都体育馆而星期六的却不在那里，不觉得奇怪吗……
是啊……为了不受天气左右，周末的比赛通常会在有顶篷的体育馆举行……
主、主编可能搞错了吧……
那么，主编所说担心的事是指天气吗？
啊，是啊……今天看上去会下雨，如果没有顶篷的话说不定比赛就会被取消呀？
那么，他在你的留言里说的『没关系！今天是在东都体育馆比赛。』是怎么回事呀？
不是说了吗，他是在说天气……

可是，昨天一整天都晴空万里呀！
东京地区……
啊……
不、不对，这个……
原来如此，一年前的4月22日是雨天……
所以花粉也没有怎么飞扬……
这、这只不过是你们的推测！
我的留言里也没有下雨的声音……
而且有什么证据说是我干的……
啊，大哥哥停在外面的那辆摩托车沾满了泥，是不是不经常洗呀？
啊，是啊……
靴子也满是伤痕，好破旧呀。那为什么这个却不一样呢？
不、不一样？
因为大哥哥你的手套是刚刚才买的吧？
连标价钱的标签都还在上面呢！

对了！因为杀人时戴的是自己平时戴的手套，所以沾上了血迹，你注意到了就买了一副新手套……
而且连价格标签都还在，恐怕你注意到这件事是在来这里的途中吧！
那么能不能让我们调查一下呢……对其它你可能接触到的地方进行血液反应的检验……
首先从还没有清洗的你的摩托车把手开始如何……
果然，摩托车的把手上检验出了被害人杉森先生的血迹……
稻叶先生被警察带走了……
杀人动机就是他留言中说的那个揭穿内幕的报道……
揭露政
贪污的
两人用了3年时间调查了某个大政治家的贪污嫌疑……
却被杉森擅自以高价发表在了另外的杂志上……
杉森先生是笑着说『你拿到的那份钱也比原来多了，有什么不好的』……
但是稻叶先生却用颤抖的声音回答比起那些钱来他更希望发表在自己的杂志上。
也就是说，为了报一年前的一箭之仇，稻叶先生特地拜托杉森先生写一份报道……
他会来采访我们少年侦探团只不过是稻叶为了让这个犯罪手法成立才要求他交一份报道而已……

唉……
有点累了……
是啊，说了好多话嘛……
真是紧张……
真是的……如果真的接受采访的话不是要说更多话才行吗！
啊?!
隐藏树叶最好的地方是森林中……
让那些孩子们分担了你的台词，这样你就不会太引人注意了……
是呀……
如果老师能因此不再怀疑我就好了……
……
你们几个……
我有个问题想问……
啊，糟糕……

你们知道江户川乱步吗？

注：江户川乱步，日本侦探小说泰斗，笔下所描写的侦探明智小五郎及其少年助手小林芳雄为首的少年侦探团以及流浪儿别动队，与怪人二十面相等罪犯斗智斗勇的故事。

知道呀！
就是写明智小五郎和怪人二十面相的那个是吧？
对啊！你们几个简直就是书中的少年侦探团！
老师是他们的忠实崇拜者呢!!
所以老师有件事拜托你们……
什么？
肯定是让我们不要做那么危险的事情是吧？
没关系的！我们都是仔细思考后再行动的！
不是呀！其实老师是想请求你们让我也加入侦探团吧……
可以吗？
啊?!
大人不行的啦！
你应该知道自己的年纪吧！
可是我的名字是小林呀!!
没有理由不让我加入吧?!
……
看来好像是不用担心了……
是啊……

什么?!
又要采访侦探团?!
对呀！当然作为侦探团顾问的老师我也会一起去，没关系的！
你什么时候变成顾问的？
而且而且……来采访的是那个有名的……
采访就不用了……
会很累呀……
啊，是吗……
……他们是这样说的，所以非常遗憾，只能拒绝了……
真对不起……
啊，哪里哪里，麻烦您了真不好意思……
嗯……我本来觉得柯南他们应该会同意接受采访的呀……
哈哈，居然拒绝洋子小姐的黄金档节目……
这个班主任还真坚持原则呀……
…………

我这个月已经解决了6起案件了……
你呢？
FILE.8 平次的回忆
我已经解决了7件……
啊，又是我输了……
不过你这家伙身边案子也太多了吧？
いろは寿し
如果你再这样输下去的话，最好改一下你的名字，不要叫平次了吧？
我叫新一，所以总是第一啊……
白痴……
你是第二……
第、第二?!
是啊……以前我曾经遇到过……
一个比你聪明得多了的……

FILE.8
平次的回忆
侦探……

3年前……
——山形县——
和叶你不要紧吧？
如果脚扭伤得比较厉害的话，还是回宾馆去休息比较好吧？
我没事的！
一个人在宾馆里呆着很无聊……
看着大家滑雪也很开心呀……
而且……
这里还有……

啊——
对不起
对不起！
我还以为雪地里坐着一尊佛像呢，
没想到原来是活人……
你这是干吗？已经是第5次了!!
赶快给和叶道歉!!
为什么我要道歉？

我只是为了让这家伙的脚伤早点好，浇点雪上去冷敷一下而已……
这样怎么可能会好，笨蛋！
哇啊

老师，服部又欺负女同学了!!
你们干吗!!
跟你们没关系!!
哈哈，老太婆们生气了!!
喂喂……
和叶……
不要硬撑，快点回宾馆去……
会感冒的……
啊……
嗯……
为什么男孩子都是那样的？
把我们当成敌人……
等着在山里被雪女吃掉吧!!
雪女？

上午在滑雪教室里，老师说起过……
关于这座山曾经有一个叫做『银衣雪女传说』的故事……
是、是和天女的羽衣差不多的故事吗？
不对不对，以前这座山里曾经有一位穿着闪闪发光的银色衣服的绝色美女……
只要看到有男人走进山里，就会用雪花般的歌声迷惑他……
然后她会说『我用我的衣服来和你最宝贵的东西交换吧』……
那些笨男人都会被那银色衣服下雪白的肌肤诱惑，答应了她的要求！
然、然后呢？
男人一边把她的衣服放进包袱里，一边问……
『我最珍贵的东西就是这把枪……
你要这个吗？』
那女人在男人的背后回答……
『不要……』
那么是要钱吗？
不要……
要这个斗笠吗？
不要……
然后男人问你到底要什么，此时那个赤身裸体的女人就从背后抱住了男人……
我才不要那些冰冷的东西……
我真正非常想要的是你那温暖的……

鲜血淋漓的……
心脏啊！
给我吧……
随后不久那男人的尸体就被发现，包袱里也不是什么银色的衣服，而是一大捧雪……
……！
这、这只不过是传说而已……
这可不是一般的传说……
听说这座山里经常会有滑雪者遇难……
4年前也发生了一件很类似的事情……
所以刚才老师才对大家说「如果暴风雪来临的话，在被雪女抓住之前最好回到宾馆来」……
说不定服部会倒霉……
是呀……
他样子长得不错……
好奇心又非常旺盛……
对啊对啊……
才、才不是呢！平次才不会受这种诱惑呢……

是呀是呀！
你的平次当然没问题了！
他那么聪明！
ニヤッ
可是真是遗憾啊……
好容易和服部一起进了滑雪高级班，却在前一天扭伤了脚没办法滑雪了……
我说，我和平次之间没
是真的吗？
那么我们去勾引平次吧。
那我该怎么办……
喂，改方学园初中部的学生们!!
吃饭了——!!

等一下！
现在已经超过两点了呀……
啊？真的吗？
怪不得肚子那么饿……
好像还有其他的学校住在这个宾馆里……
所以食堂很挤，才会把各个学校的就餐时间错开……
啪嗒
嗯？
噢？两人共进午餐啊？
你们的关系还真是不错呀！
白痴……
你到别的地方去吃啦！不是还有空位吗？
没办法呀……
参加高级班的人应该在一起吃饭的呀……
而且比起和那些无关的人一起吃饭……
还是坐在你身边开心一点……

不过，那边为什么这么吵啊……
嗯？
咦？那不是演员箕轮奖兵吗？
他在这里干什么……
是呀！上次在电视上看到他在雪山里拍摄由真实事件改编的电影……
咦？我怎么听说是和雪女有关的推理电影……
就是今天早上老师说的那个银衣雪女的传说呀！
ギク
啊啊……
就是那个有点色情的传说呀……

好像那个箕轮奖兵是主角……
演一位追查某个谜团重重事件的……

侦探呢……
看上去还挺合适的……
哦——
侦探吗……
箕轮奖兵（32）
演员
请问……我听说是和雪女传说有关的电影……
是真的吗？
是啊……
那么是以现实中的事件为蓝本吗？
那件事的确是真的……
死去的是一个特技演员，是我的朋友……
我当时也在现场……
什么?!
难道你亲眼看到过雪女?!
这个么……我是没看到过……
不过，我的那个朋友说不定是被……
等一下，箕轮，……

不要再拿这件事开玩笑了……
死去的水上二朗也是我的朋友……
大山守藏 (56)
电影导演
你在说什么呀……
利用死去的人作为电影创作素材的不是你吗……
喂喂……我这可是为了悼念他才拍的电影……
好了，不要说了……
死去的人再也不会回来了……
在电影的最后部分写上谨以此片献给水上二朗的话说不定还更能催人泪下……
作为一部电影来说不是再好不过了嘛！
作为对水上前辈的感谢，我们要拍一部好电影才行……
三俣耕介 (27)
特技演员

感、感谢他吗……
确实应该感谢……他死了以后你才能接替他的位置……
是啊……没错……
不过还是小心为妙……

因为你负责的就是死去的水上要完成的特技部分……
接受雪女的诱惑……
立石雫 (31)
特技化妆师
嘿嘿……
可是，直到现在都还不知道……
为什么水上会舍下你这个未婚妻……
走上了自杀这条路……
这个么……
因为他被雪女诱惑了……
这部电影不是这样设定的吗？

啊，那只是剧本而已……
那个理由很简单……
因为那不是自杀……
是谋杀……

恐怕是被你们当中的某人杀害的吧……
怎么又是你呀，警官先生……
真是烦人啊……
不对……你已经辞去警官的工作了吧……
是啊……
我只顾忙于其他县的案件，所以被解职了……
现在只不过是个微不足道的侦探而已……
片品陆人（35）
侦探
侦探……
你再这样纠缠不休的话我们可要法院见了！
而且那怎么看都是自杀事件……

确实是这样没错……4年前……独自一人坐在滑雪场缆车上的男子……
下来的时候已经头部中枪气绝身亡了……
他右手握着枪，袖口检测出了硝烟反应……乍一看都会认为是用手枪自杀的……
但是有疑点……
在他身边的包里……
不知道为什么装了很多雪……
所以才被说成是模仿这山里的雪女传说，他自己……
笨蛋……我从小就认识那家伙了……
他对于那种鬼怪传说根本就一点兴趣都没有……
而且就算是模仿，也根本不知道他这样做的意义……
这恐怕要问死去的他本人才能知道了……
我只能说这些……
如果那是谋杀的话……就是人类根本无法做到的不可能犯罪……
没错……做得到的恐怕只有那美丽的雪山妖怪……雪女了……
笨蛋……
HYBO

只有人干的才会被称作犯罪!!
而且根本没有什么不可能犯罪!!
笨蛋!!
平、平次……
噗哧
HYBO
Jomnica
LENAULT
啊?
你们笑什么?
刚才也有一个……
就4年前所发生的事件发表了和你几乎一模一样评论的少年……
而且年纪也差不多，是初中生……

初、初中生?!

阿嚏
一定是有人在说我……
是啊
你在食堂里出尽风头，说不定现在正被什么人嘲笑呢？
傻瓜！说不定是你听到了雪女的故事以后吓得发青的表情正在被别人嘲笑呢……
我、我哪有吓得发青！
只不过是在想这个故事的真实性而已！
雪女的传说……
也是悲哀而不可思议的故事，好像到处都有……
是啊，都具有神秘感……
在记载了日本最有名的雪女传说的作品里，那个妖怪的名字叫……

Woman of the snow……
雪之女……
啊，英文吗？雪女不是日本的传说吗？
是的……是日本的民间传说。那部作品是一个在日本当英语老师的人，拉夫卡迪奥·赫恩（Lafcadio Hearn）听说了这个传说以后用英文发表的……
你知道小泉八云吧？就是这家伙的笔名啦！
好啦好啦，新一你什么都知道，真聪明……
不过谢谢你啊！
你是为了让我放心才说那种话的吧？
不光是这个原因……
我觉得不这么说的话就要糟糕了……
总觉得这样下去会引起风暴的……
我有一种不祥的预感……

FILE.9 雪女之计

——也就是说，我和那个不知道是从哪里来的初中生的……
推理大战的序幕就这样拉开了……
怎么样？独自一人坐在缆车上的男子，握着击中自己头部的手枪而身亡……
身边有一个装满了雪的旅行袋……
很有趣吧？这可是谋杀呀……
……怎么那个初中生好像是我……
而且那个时候在推理上胜出的……
并不是我……

ヒュオオオ
等一下平次，不行啦！
老师不是说了『风雪大的时候一定要待在宾馆里』嘛！
而且如果真的碰到了雪女怎么办啊？
傻瓜！如果真的有这种女人我还真想见识见识呢！
要解决4年前的事件首先就要去调查那个缆车！
一定不能被那个不知从什么地方来的初中生抢先！
啊，就是平次你刚才对那些事件相关者说那些话以后……

只有人干的才会被称作犯罪!!
而且根本没有什么不可能犯罪!!
笨蛋!!
你不用介意这个吧！
只不过有人偶尔和平次你想得一样而已……
这个我可不能输！
据说有个和你说得一模一样的初中生是说那个人吗？
因为如果让那家伙赢了，就证明我的推理也只不过是初中生水平……
你明明就是初中生……
哇，真是如胶似漆的一对呀！
白痴，不是这样的……
你们两人用爱划下的痕迹把雪都融化了哦！
什么啊……原来说的是别人呀……
シャアア

ササ!!
园子你在鬼叫些什么东西啊！
会被别人误解的啦！
可是，你们一直是两个人在一起呀！
我只不过是去调查那个缆车，让小兰来帮忙而已！
缆车？
园子你也听说了吧？
那个4年前的事件……
新一他想解决那个事件，所以才那么兴奋啊！
那么，接下去我们慢慢爬上山顶吧!!
啊，可是下那么大的雪呀?!
要调查缆车等这场风雪停了也不晚呀……
好吧……
在此之前……
ドン

啊，真对不起……
哪里哪里……
~~~~~♪
喂！你不要太过分啊！
刚才开始就拍个没完……
有什么关系吗？人家说不定只是在拍雪景呀……
不对啦，这个阿姨从刚才开始就一直在拍我！
因为她是我老妈呀！
啊啊?!
~~~~~

到底是平次呀！
和平藏一样感觉很敏锐呀！
早就知道了！
可是您怎么会在这里呀！
因为平次他很少来东北呀，所以我很担心……
当我傻瓜啊！你只不过想在从小就一直拍的我的成长录像里再加上一部分而已。
好、好像没错……
好了，这样吧！在风雪停止之前我们会待在宾馆里。你可不要太引人注目了！
被人家知道都上中学了还有老妈跟着的话真丢死人了！
我知道的啦！
那时也是这样的风雪呀……
什么？
就是4年前水上自杀的那天……

那天的感觉和现在一样，大家在等待拍摄的间隙，箕轮被影迷们包围着……
キャアア
キャアア
真是糟糕啊……
现在应该要到山上的小木屋去拍戏的……
这样的话根本就拍不成了……
问题是这场风雪……
女主角已经化好妆在山上的木屋里等了两个钟头了……
不快点停的话我们的拍摄计划就……
没关系！
总会有办法的！
又来了！水上前辈总是说「总会有办法的」……
而且每次他这么说，结果真的都会有办法解决，这也很不可思议呀……
不过还真是遗憾……马上就要听不到你这句口头禅了……
其实……我还没决定是不是要辞去特技演员这份工作呢……
喂喂，你不要紧吧？

你们不用担心！接下去他会专心做演员了！
演、演员？
他也行吗？
——虽然是演假面超人的怪人……
台词又少，再加上我的特技化装根本就认不出原来的面目了……
总会有办法的！
谁会想到他1个小时后竟然做出了那种事……
是啊，4年前的那天你们也在这里拍电影……
名叫《雪女之怪》的恐怖电影……
加上3年前拍摄的《雪女之恋》这部爱情电影……
和这次拍的《雪女之计》一起组成了雪女三部曲……
《雪女之计》是对拍摄《雪女之怪》时发生的水上自杀事件的忠实再现……
其中侦探的角色又是由《雪女之怪》和《雪女之恋》的主角箕轮奖兵真名出演……
连电影放映之前的宣传也说是被雪女迷惑的男人自杀身亡……其实是有犯人的吧？因为这次是推理电影……
能不能告诉我……在剧本中设定了谁是犯人……
这、这个……
噢！风雪好象停了！
啊，是吗！

那么，能让我们看你滑雪吗？
看看你在《雪女之怪》和《雪女之恋》里那超凡脱俗的滑雪技巧!!
拜托了!!
这可不好办啊……马上就要开始拍摄了……
不行不行!!
到这里来以后为了满足你们这些影迷的要求，他已经滑了三次雪了！
想看他滑雪的话就请来看电影吧!!
啊!!
怎么办啊？
我们时间很紧，但是对影迷的要求又应该尽量满足……
如果水上前辈在这里的话一定会这样说的吧？
总会有办法的！
没错吧！
真是的，他已经不在了！
不要总是提他，忘记他吧！

真对不起……以你的未婚夫水上的死作为素材的电影，不应该让你也参加拍摄的……
不，是我要求参加的……
我总觉得我会明白的……
只要让这部电影完成，我就能够明白他死去的真相……
……

有两个地方……
什么？
从山下一路看过来……
这个缆车比较接近滑雪场的地方一共有两处……
那么，能够从地面上跳上去吗？
不是……虽说比较接近，但也有3米左右……
不借助蹦床等工具的话是跳不上去的……
那个不是宾馆里看到的算轮奖兵吗？
滑得好棒呀——！

キャ
キャ
キャ
好！
再来一次！
再来一次！
不行不行，今天只能滑这一次！
还想看的话就请来看我的电影吧！
已经快4点了呀!!
不快点到山上去拍滑雪场的镜头的话……
那么我就先坐缆车上去了！如果超过5点天就黑了……
喂，导演先生，负责特殊化装的那位小姐和特技演员怎么没看到……
啊，那两人说他们先上去了……

一定会有……
这个缆车上一定会有什么……
喂，平次……这个缆车好可怕……
怎么了和叶，你明明是滑雪高级班的，难道没坐过缆车吗？
坐是坐过，可是不是这种呀……
糟糕了，大风雪又来了……
ヒュオォォォ
看不到前面那辆缆车上那个侦探大叔的身影了……
喂，立石!!
ジャアア
啊，是三俣啊……
你在干吗啊，这是下山的缆车呀……
因为没来得及下来……
我坐这种东西最不在行了……

新、新一?!
刚、刚才那是什么声音?
是枪声吗?
坐缆车的顺序是这样的，大山导演、男主角箕轮还有那个侦探大叔……
发、发生了什么事吗?
啊，是你呀……
我不知道呀……
我也是刚下来……

Enjoy Sky

FILE.10
谜一样的缆车

快停下缆车!!
什么?
你们看到了还不明白吗?!
那个!!
箕、箕轮?!
总之快让缆车停下，去报警，还有叫救护车!!
怎么了?怎么了?新一?出什么事了?
呼
呼

小兰你不要看!!
啊？什么？
ガクン

缆车停了……
怎么回事？刚才听到了砰的一声……
还有刚才的惨叫声……
缆车、枪声……
难道……发生了与4年前相同的事件吗?!

非常抱歉给各位乘客带来的不便!!
请耐心地等待缆车恢复运行!!
喂喂，这是怎么回事？
简直和那个时候一样……
对啊……
就好像水上前辈用手枪自杀的……
立石雫 (31)
特技化装师
那时候一样……
三俣耕介 (27)
特技演员
水上……
片品陆人 (35)
侦探

枪口抵住太阳穴……
砰！
是自杀吧……
是啊……他右手还握着手枪，应该是自杀……
问题是他身边的那个包……
如果我那不祥的预感是真的话……恐怕包里面是……
果然是雪……

真是的，这不是和4年前一样了吗……
是啊……就是那次和银衣雪女传说很相似的事件！
从雪女那里得到的银色衣裳在他死后就变成了一大堆雪……
好像他们正在这里拍摄和那个故事有关的电影……
是啊……他们拍摄了和那个传说及4年前发生的事件有关的电影……
Enjoy Sky

结果主角却变成了这个样子……
看来只能中止拍摄了……
大山守藏（56）
电影导演
啊？箕轮？就是那个明星吗?!
4年前的那起事件发生的时候你也在吧……
我叫大山，是电影的导演……我坐的缆车就是他前面的那辆……
随后听到了枪声，我跳下缆车的时候，那个少年就已经注意到了箕轮的异常……
嗯？
喂，小鬼！你在干什么啊?!
那个——如果缆车再不启动的话乘客们就……
知道了。等我们把遗体和遗留物品搬下来就可以重新启动缆车了！
嘿哟！
要我帮忙吗？
没关系！不是很重……
他其实比看上去要瘦，连60公斤都不到……
所以他只演冬季的电影和电视剧……
据说是不想让大家看到他骨瘦如柴的身体……
也就是说，为了面子遮遮掩掩……

可是，为什么他没穿滑雪板而是放在了缆车后面呢？
喀
那是当然了……因为他要背着装了那么多雪的背包走路呀……
可是，就算包里装满了雪……
包的大小也只不过能藏一个小孩而已……
好了，缆车可以启动了！
啊，警官先生……
我觉得可疑的……
一共有三个地方……
嗯！
终于动了……
那里好像围了好多人……
好可怕……
傻瓜！应该是兴奋才对啊！

无关人员请退开!!
怎么了?!
出了什么事吗?!
啊，是你啊……
我也是刚听说，好像是和4年前的那起事件完全一样……
独自一人坐在缆车上的男子用手枪自杀，旁边放着一个装满了雪的包……
就像是被雪女附身一样!

喂，怎么又是你?
这里已经不是你管辖的区域了吧?
不……我已经辞去警察的工作，现在是个侦探……
而且，我就坐在被害者后面的一辆缆车上，
很可能听到了很多哦，警官先生。
被害者?他是自杀!

不……现在就下结论还太早……
喂喂，平次?! 快帮我一下……
你在干吗啊？还不快下来!!
可、可是，我不知道怎么下来……
这样的话，到了山下缆车会完全停下来，那时候你再下来吧！
嗯，好……
那个傻瓜……我都说不让她跟来的……
这样一来我倒是想到刚才也有一个客人没能下缆车……
那是真的吗？
啊，是啊……
就是那个把长发扎在背后的很漂亮的女子……
骗人……
箕轮自杀了?!
为、为什么?!
在问为什么之前……能不能先回答我一个问题？

刚才你没有下缆车的原因……
什么？
就是这个人吧？
啊，是啊……
因为我下不来嘛！我不太擅长这个……
不行啊？
这就奇怪了……
你4年前应该也到这里来拍过电影吧？
一、二……
因为那个时候是水上坐在我边上，帮我一起下来的……
刚才也是三俣他帮我下来的……
因为她一点运动细胞都没有……
咦？我听导演说你已经先上山了呀……
为什么会和她坐一辆缆车呢？
我已经把摄影的一切准备都做好了，但是导演和主角都一直没上山……
所以我滑雪下山来叫他们！

随后我看到她正坐在下山的缆车上，正和她打招呼的时候，听到了枪声……
我就觉得有一种不祥的预感，所以我让三俣也坐上缆车上山来！
毕竟4年前发生过那件事……
后来缆车就停了，直到刚才才好容易下了缆车！
原来如此，也就是说……

坐在箕轮先生前面那辆缆车的大山导演……
以及后面那辆缆车上的方品侦探……
和在下行的缆车上与箕轮先生交错的立石小姐……
还有在滑雪场的三俣先生，都有可能用手枪击中箕轮先生……
喂、喂喂……
我说……你没听到我刚才说的话吗？
枪响的时候，我和三俣在一起……
如果你说的枪声是假的，就有作案的可能了……
小弟弟，你是不是想说这个……
是啊……
就是这么回事！
可是……箕轮他不是握着手枪吗？
这种事情隔了那么远我们怎么可能做到？
我们更不可能在开枪以后再把手枪塞回他手里吧……
还有那个时候风雪那么大……对枪法的要求很高啊，否则不可能射中的吧？
这个我还不知道，不过我注意到了一些事……

首先就是箕轮先生放在缆车上的那副滑雪杖！
滑雪杖尖端的两个雪轮都装反了……
这就是用来做了什么事的证据！
其次就是箕轮先生坐的那辆缆车……
右边座位上的塑料面板……
有破碎的痕迹……
这也应该是被动过了手脚……

还有最后就是放在箕轮先生身边的那个装满雪的帆布包……
虽然不知道是怎么回事，冻得还真够结实的……
简直就像被雪女的冰冷气息冻住了一样……
这可不行啊！遗物不能随便乱碰……
沙
可是现在的初中生还真是好奇心旺盛啊……
啊？

还有一个初中生呀……很了不起似的向我们警察提出了刚才你说的那三个疑点……
什、
什么……
在哪里？
那个初中生在哪里!!
啊，那个……你从缆车上下来之前还在这里的……
呼……终于下来了……
我再也不坐这种东西了……
和叶!!
你不是参加的滑雪高级班吗？
啊？
怎么都不知道如何下缆车！
快坦白吧！
不好意思，放过我吧！
算了算了！
是想和服部在一起才参加的高级班吧？
不用担心，我们不会告诉服部的……
怪不得一下子就把脚给扭了……
啊，不是那样的……

真对不起啊……
不好意思！
刚才有没有人在箕轮先生上缆车的地方拍过录像的？
拍过啊，可是为什么要给你看呢？
箕轮先生怎么了？
有点事情……
啊——你可以看我的录像……
真是不好意思啊！
嗯……
第一个是大山导演……
接下去是箕轮先生……
在接下去是片品侦探……
和缆车下来时的顺序一样……
可是你拍的还真完整啊……
如果你是箕轮先生影迷的话应该只会拍他一个人才对……
不……是我儿子拜托我的……
说是为了给4年前的事件作参考，让我在缆车的入口拍摄……
啊？您儿子是警察吗？
也是个初中生而已……
但是他老是把自己当成侦探……

哦，侦探吗……
那和我一样呢……
话虽然这么说，其实还没有事件是我自己独立解决的呢……
我儿子也一样啊……
啊，新一……
和美妇人谈笑风生……
真是的……
这点和某人还真像……
不……他的表情是侦探的表情……
虽然还很稚嫩……
然后呢？自称是世界首屈一指的推理小说家……
有没有解开这次的事件呢？

有希子……
你问这个问题就笨了……
啊，优作你已经破案了吗?!
可是你不是想在4年前的事件里寻找灵感写小说才来这里的吗……
事件已经被拍成了电影，结果居然又发生了相似的事件……
你如果知道了谁是犯人还是快点告诉警察……
不……这里就交给小伙子们，我暂时旁观一下好了……
那么能不能先给我点提示啊？
……你知道吗？
这座山上还有另一个银衣雪女的传说……
是个非常悲哀的故事……

FILE.11
银衣雪女传说

啊啊?!
那个演员箕轮自杀了?
是真的吗,平次?
别那么大声!
嘘嘘
还处于封锁消息的状态呢……
可是为什么会发生这种事……
这个……现在还不知道!
但说是自杀就太奇怪了……
和4年前的事件一样……
独自一人坐在缆车上的男子用握在手里的手枪击中太阳穴而死……
他身边只有一个最多能钻进一个孩子的帆布包,里面却装满了雪……

这难道不是自杀吗？
所以我才来看我妈拍的录像，来确认一下！
我不是让你站在那里拍的吗？就是缆车的入口！拍到了箕轮先生吗……
啊，拍到了拍到了！就是箕轮先生坐上缆车的时候对吧？
怎么样，平次？看出什么了吗？
……
果然没错……
这是谋杀……
一定是的！
这个录像还真受欢迎……
嗯？
除了你以外……刚才还有别人来找我要录像看呢……
该不会也是个初中生吧……
是啊，有一个是的……
有一个……

还有一个人……
在那个初中生之前，很早就来了……
留着小胡子非常时髦的一个男人……
留、
留着小胡子的男人?!
另一个雪女传说？

这就是解开事件的关键吗？
你还是等我讲完再提问吧……
某个暴风雪的夜晚，有一个叫茂吉的男子急匆匆地走在下山回家的路上……
在路上碰到了一个长发银衣的美貌女子……

女子用羞涩的眼光看着茂吉说……
「我扭伤了脚，一步都走不动了……
能不能麻烦你送我回家？」
茂吉就问那个女子家住在哪里……
女子默默地指着没有路的黑暗的森林深处……
「好，我知道了」茂吉有力地回答，就让女子坐进他的背篓……
向着山的深处走去……
可是无论怎么走，积雪越来越深，根本看不到房屋的影子……
他就问道「我是不是走错路了？」
女子只是默默地点头……
女子其实一直在等待……等男人累极了之后抛弃自己……
没错……这个女子正是诱骗男人离开村庄，到了人烟荒芜的深山后，趁他精疲力尽的时候吸食他的灵魂的雪女……

终于茂吉的步子越来越慢，已经沉默了许久的茂吉嘴唇蠕动了一下……
「姑娘……」
女子仿佛等待这个时候已经很久了，嘴角浮现出一丝笑意，回答说……「嗯……有什么事吗？」
茂吉一边喘气……
一边从牙缝里挤出声音说道……

『你冷吗？』
他问道……
啊？
听到这个意外的问题，女子迷惑了，不知道该怎么回答……
茂吉拼命地移动已经冻得毫无知觉的双脚，继续往前走去……
『在背篓里觉得勒得难受吗？』
『肚子饿吗？』
『只要再忍耐一下就好，加油！加油啊!!』
女子只能连声回答『是！』……声音越来越弱……终于听不到了……
担心的茂吉停住了脚步回头朝背篓里看去……
背篓里的女子消失了……
却多了一大捧用银色衣服包裹起来的雪……
就是这样！

对了！一定是茂吉火热的真心融化了雪女那冰冷的心吧！
是啊……
然后呢？这个到底提示了什么啊？
嗯……
看来对你来说还是太难了吧？

不过对那家伙来说却是次不错的练习机会……
那家伙？
恐怕他现在正在宾馆里看箕轮先生出演的那部电影吧……
我们的儿子……
快看！
果然是这样没错!!
白天看到的箕轮先生滑雪的样子和这部电影里面是不是有点不一样？
是吗？都滑得很漂亮啊！
据说箕轮先生的滑雪水平是专业级的……
可是膝盖的运用……有些微妙的区别……
工藤!!
你不去上滑雪课却躲在这里和老婆一起看录像吗？
真是如胶似漆啊！
笨蛋！不是这样子的啦！
兰
新
嗯？

喂！快看啊！
箕轮先生滑雪快速接近倒在雪地里的女主角这一幕！
从山上滑下一直到滑出镜头的时候……
他的夹帽带还系着……
哔哔
等到他重新进入镜头的时候，夹帽带却不见了……
这明明是同一个镜头……
真的呢——！
……
难道是替身！
他其实不会滑雪吗？
这怎么可能！刚才他还滑得很漂亮呢！
那个真的是他本人吗？
那是当然啊！他直接面对影迷还和导演说的话，
我还拍下来了呢！
园子！
你拍的那个录像现在能不能给我看一下？

キャ〜ッ
再来一次！
再来一次！
不行不行，今天只能滑这一次！
还想看的话就请来看我的电影吧！
已经快4点了呀!!不快点到山上去拍滑雪场的镜头的话……
那么我就先坐缆车上去了！
如果超过5点天就黑了……
看吧！
喂，园子……
箕轮先生的那个包……你知道是放在哪里的吗？
那个啊……箕轮先生自己将它放在影迷们面前的啊！
他说里面有重要的东西，在我滑下来之前麻烦帮忙看一下……
对了，刚才宾馆前面的缆车一直停着，有人知道发生什么事了吗？
不知道呀……
新、新一……
……
看上去这个包……
好像和宾馆门口的小卖部里卖的……

什么?!
有一个初中生已经来看过这个包了?!
纪念品销售处
那是什么时候?
就在刚才啊……
虽然他没有买……
啊,如果你觉得这个太小的话……
还有同样设计的比这个大一号的包呢……
啊,是吗……
背带可以拉到这么长,非常方便!
噢,看上去真是不错……
这个有什么方便的……
等一下,平次?你在生什么气啊?
那还用问吗!!
老是被一个不知道什么地方来的初中生抢先一步不是吗?
宾馆里的电影录像也被借走了……还有一个长着小胡子的奇怪男人也掺和了进来……这样下去事件就要被他们抢先解决了……
那么平次你对这次的事件还一点头绪都没有吗?

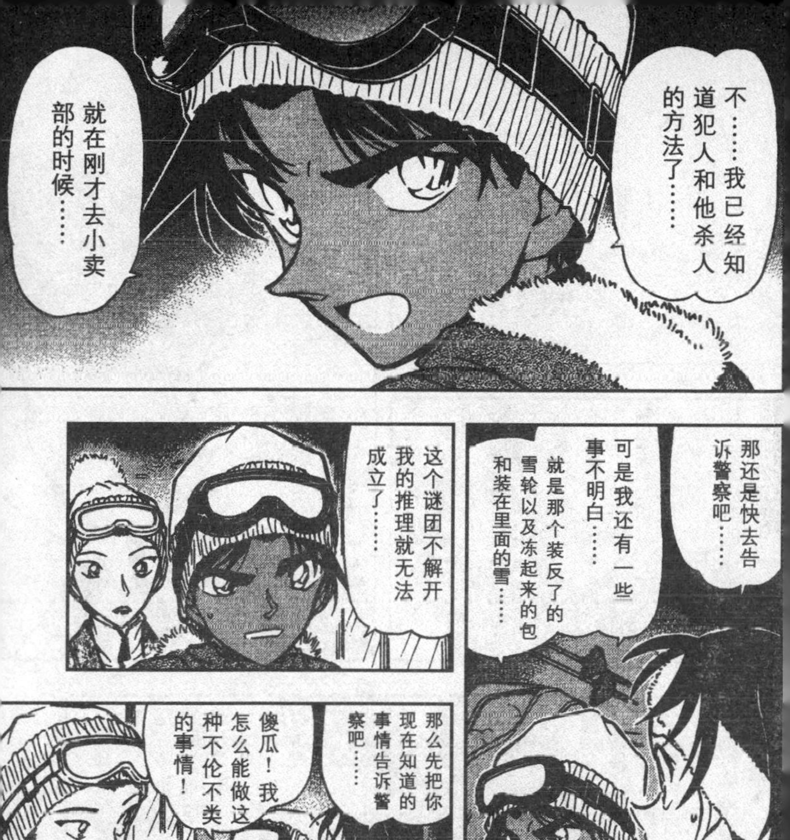
不……我已经知道犯人和他杀人的方法了……
就在刚才去小卖部的时候……
那还是快去告诉警察吧……
可是我还有一些事不明白……
就是那个装反了的雪轮以及冻起来的包和装在里面的雪……
这个谜团不解开我的推理就无法成立了……
那么先把你现在知道的事情告诉警察吧……
傻瓜！我怎么能做这种不伦不类的事情！

大阪府警察总部
什么事？阿静……
我不是说过上班的时候不要给我打私人电话吗？

什么？
事件？
找到了！
就是这个!!
这是什么啊？
在箕轮先生乘坐的那辆缆车到达山顶之前你不是也听到了吗？
那一声似乎是枪响的声音……
恐怕那是把爆竹塞进了饮料瓶后，放进事先挖好的雪洞里，以避开风雪……
随后点火让爆竹爆炸发出了那个声音……
证据就是这瓶口的焦痕……

那么也就是说犯人在爆竹声响起的时候就在这里了？
不……如果他是直接点火的话是这样的……
但是如果他是利用点着的烟或者香放在这里点火的话，只要提前布置好就可以了……
而且这个瓶子还没被犯人毁掉就说明犯人还无法自由行动……
咦……这口气好像是已经看穿一切了……

还没有……我已经知道了犯人是谁和死者身边为什么会有那只装满雪的包……
但是我还没有彻底弄清楚最重要的那个杀人手法……
还有箕轮先生左边座位下那些痕迹，我也还不能做出完全的解释……
啊？你知道犯人了吗？
是啊！现在正在接受警方调查的嫌疑人一共有4个！
坐在箕轮先生前面的那辆缆车上的大山导演！
坐在箕轮先生后面的那辆缆车上的……
片品侦探……
为了来叫导演他们而从滑雪场上滑下来的特技演员三俣先生……
还有没能从缆车上下来的特技化妆师立石小姐……

坐缆车的时间大约为7分钟！
那么到底谁是犯人呢？
——不过在问谁是犯人之前，我只看到了大山导演，其他3个人的行踪新一你都清楚吗？
你真的知道犯人是谁吗……
啊，是啊……
关于其他的3个人还是我来告诉你吧……

那些人被警察问话的时候我可是在边上听得一清二楚呢！
新、新一的妈妈？
啊啊?!为什么你会在这里?!
只不过我们的夫妻旅行偶然和新一所在滑雪教室选中了同一个滑雪场而已！
是这样吗……
可是，新一你晚了30分钟！
嗯？
刚才有人来过这里了！就是那个和新一差不多大的初中男生……
什么？
他一边看着这个瓶子，一边抬头看着缆车，一个人不停地自言自语……
说什么那枪声果然是假的……
这里离缆车足有3米，不可能的什么的……
啊，啊，除了新一以外还有其他的初中生推理狂吗？
真是意外啊!!
说到这个，你们知道吗？
这座山里流传的……
另一个银衣雪女的传说……

186

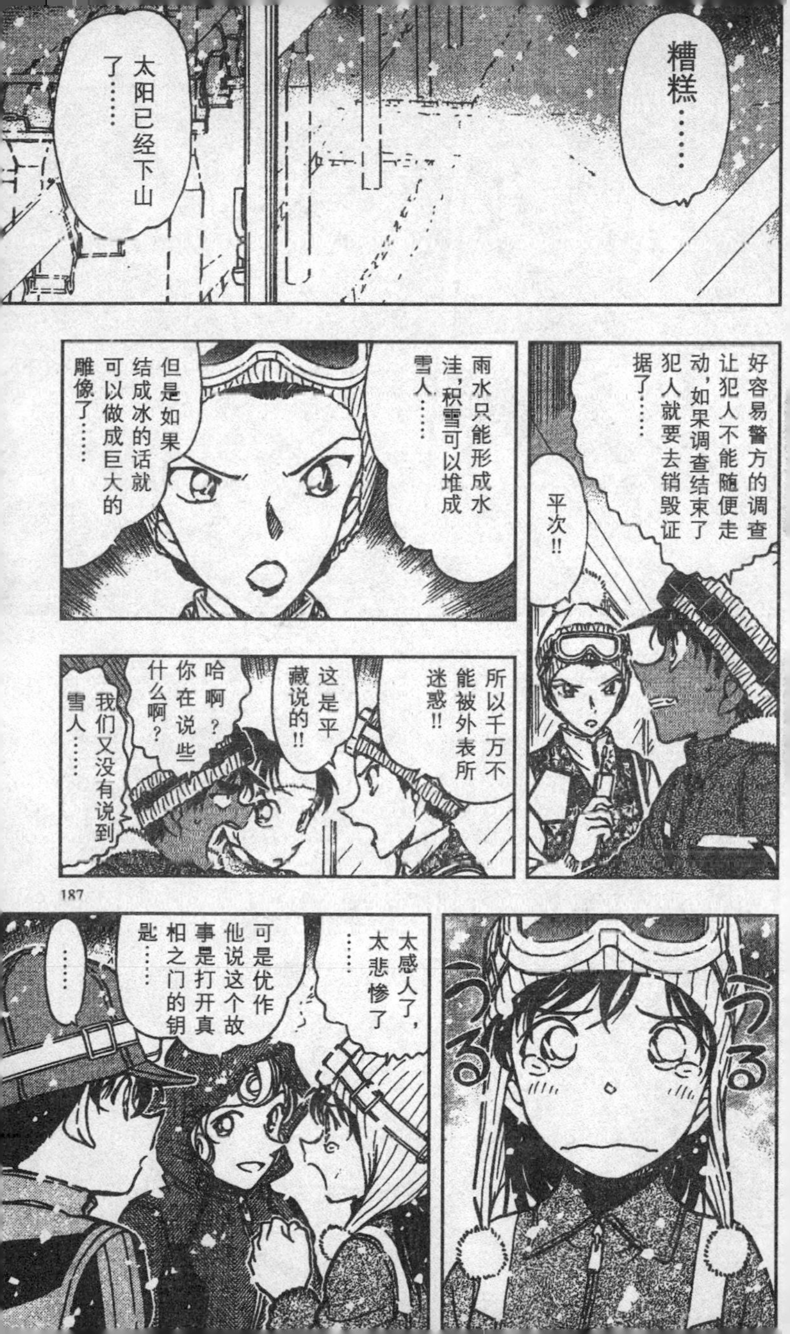
糟糕……
太阳已经下山了……
好容易警方的调查让犯人不能随便走动，如果调查结束了犯人就要去销毁证据了……
平次!!
雨水只能形成水洼，积雪可以堆成雪人……
但是如果结成冰的话就可以做成巨大的雕像了……
所以千万不能被外表所迷惑!!
这是平藏说的!!
哈啊？你在说些什么啊？
我们又没有说到雪人……
うる
うる
太感人了，太悲惨了……
可是优作他说这个故事是打开真相之门的钥匙……
……

—名侦探柯南50·完—

如果坐在电影院里
看柯南电影是你今生的梦想；
如果还没有看到正版
柯南剧场版图书
是你此刻的遗憾，
我们一起为这本书疯狂！！！
THE MOVIE
PERFECT
GUIDE
名侦探柯南
DETECTIVE CONAN
电影版大全
日本小学馆授权独家中文版
c 2001 AOYAMA Gosho/SHOGAKUKAN
TV YOMIURI・POLYDOR
SHOGAKUKAN PRODUCTI
TOHO
长春出版
收录《天国的倒计时》预告动画解析，四部电影作品
事图文彻底解说，主要角色、名场面精华特写与介绍，
场全员角色图鉴，以及各部人物、背景出场道具……
美术设定资料集，电影制作人员及配音演员、原作者
个人专访。最难得可贵是特别收录“原作者——青山
昌老师的赛璐璐原画、修正原画欣赏”，以及公开部分
画分镜原画。

文字表现力挑战青山大师的漫画
《名侦探柯南》小说版
首次震撼上市!
日本小学馆授权独
小说
名侦探
柯南
甲洲宝藏传说
更紧张悬疑、惊险迭起!!
再现侦探文学本质!!

名侦探柯南
智慧谋略
长春出版社
名侦探推理故事、
智力测验 13篇、
测验你的侦探度!!
与天才名侦探柯南一起
斗智斗勇，一较高低

名侦探柯南的
科学
谋略
许多难解的科学之谜
许多引人入胜的趣味科学实验
许多科学推理问题
和大师青山刚昌一起
探索《名侦探柯南》内外的科学之谜

名侦探柯南的案件档案
引爆你的智力
并附挑战测试
理·谜题·漫画
侦探
柯南
大追捕!!
推理·谜题·漫画
名侦探
柯南
大追捕!!

哆啦A梦
哆啦A梦学习系列
再推炫目新作
定　　价：11.80元/册
邮购地址：长春市建设街43号长春出版社
电　　话：0431-8561180
劳动　快乐　进
哆啦A梦有趣的科学攻略
力·电·声·光
天体运行
植物·动物
科学实验
12.3kg
哆啦A梦有趣的体育攻略
游　泳
跑和跳
单杠和跳箱
垫上运动和球类
哆啦A梦小学生快乐学习

最强少年漫画月刊
CORO-CORO
龍漫
月刊
每月一日
不见不散
惊喜价
7.50元
力连载
奇宝贝特别篇
折纸战士 G
乐小子
哆拉 A 梦特别篇
络英雄洛克人
奇境旅程
B&QQ 梦幻大冒险
邮购热线：
吉林省长春市前进大街 2955 号高科技大厦 A 座 201 室《龍漫》编辑部　邮编：130012
0431-5193562

授权证明书

敝社将《名侦探柯南》系列图书的中文版版权授权予长春出版社在中国大陆独家翻译出版并发行。

到目前为止，在中国大陆出版发行的除长春出版社版本以外的任何《名侦探柯南》图书以及利用“名侦探柯南”形象和内容的各种文字书均未得到敝社授权，属非法出版物。为维护著作权人、长春出版社的专有出版权和敝社的利益，望中国有关部门对此类非法出版物予以取缔。

〔日〕株式会社　小学馆

2002 年 7 月 5 日

图书在版编目(CIP)数据

名侦探柯南. 50/(日)青山刚昌著;natuya等译.—长春:长春出版社,2005.9

ISBN 7-5445-0010-1

Ⅰ.名... Ⅱ.①青... ②natuya... Ⅲ.动画:连环画-作品-日本-现代 Ⅳ.J238.7

中国版本图书馆 CIP 数据核字(2005)第 021207 号

著　者:青山刚昌
译　者:natuya 召唤使 天驰翔

责任编辑:张　岚　封面设计:大　熊

长春出版社出版　长春出版社美术设计制作中心制作
(长春市建设街 43 号)(邮编 130061 电话 8569938)　延边新华印刷有限公司印刷
787×1092 毫米 32 开本 6.25 印张　长春出版社发行部发行
2005 年 9 月第 1 版 2005 年 9 月第 1 次印刷　定价:6.90 元

www.cccbs.net

火村英生

对犯罪感兴趣的理由是“曾经动过杀人的念头”，算是个危险人物，这就是年轻的学者侦探·火村英生。32 岁，单身。现在作为副教授执教于京都·英都大学，同时也是个协助调查犯罪的“临床犯罪学者”。但是他的领带总是歪着，再加上乱七八糟的头发，看上去一点学者的样子都没有……不过，每次只要遇上事件就是他发挥本领的时候了。仔细地在现场徘徊收集数据进行冷静的分析后找出隐藏的真相。他的助手是个会讲故事的推理作家·有栖川有栖，名字很有趣，是个很了不起的男人。还是学生的时候就和火村组成了搭档。他的作品中使用了真名，但是作者有栖川有栖却是笔名。这个名字只要见过一次就很难忘记吧。

（我的推荐是《第 46 间密室》）